伝説の保育士　のりこ先生の魔法のことば

私に預ければ、大丈夫。

子育ては、迷いの連続だとつくづく思います。

ご飯の食べ方をどうやって躾《しつ》ければいいのか。嫌いなおかずは食べさせなくてもいいのか。お友だちとおもちゃの取り合いをしているとき、親が間に割って入ったほうがいいのか、黙って見ていたほうがいいのか。けんかは親がやめさせたほうがいいのか、放っておいたほうがいいのか。テレビやビデオは好きなだけ見せてもいいのか、途中でやめさせたほうがいいのか……。

自分で自信を持って決められない問題に突き当たったとき、多くの親は育児書を開くのではないでしょうか。

そこには、たしかに「答え」が書いてありますが、それはあくまでも著者の出した答えであって、それが「正解」であるとは限りません。そして、多くの育児書には、「子どもには自分で育っていく力がある」とか、「少々問題があるぐらいが自然だ」とか、「子どもはありのままに育てればいい」というように、親にとって耳当たりのいい言葉が並んでいるのが普通です。

そうした、親に対する甘い言葉は、たしかに一時的に親を安心させてくれるものかもしれません。特に、ゼロ歳や一歳というごく幼い時期から子どもを保育園に預けている親には、心のどこかに罪悪感がありますから、ともかく自分の子育てを肯定してほしいという気持ちが強いものです。それを満たしてくれる育児書が、どうやら現在の流行のように思えます。しかし、それはあくまでもひとつの「答え」に過ぎません。そして、育児にはさまざまな「答え」があるのです。

小林典子《のりこ》という名前の〝伝説の保育士〟がいました。かつての同僚や数千人におよぶ卒園児たちは、親愛の情を込めて彼女のことを「のりこ先生」と呼びます。千葉県野田市にある真言宗豊山《ぶざん》派のお寺、大師山報恩寺《だいしやまほうおんじ》に生まれた典子先生は、後に報恩寺が開設した大師山保育園で保育士として働くようになり、大師山保育園が閉園した後は、自ら「のりこの保育室」を立ち上げます。その後、千葉県柏市の認可保育園「ひかり隣保館《りんぽかん》保育園」から招聘《しょうへい》を受けて、亡くなるまで園長を務めました。

なぜ、典子先生が〝伝説の保育士〟と呼ばれるようになったかといえば、典子先生の保育に対する考え方が大変にユニークであり、そして、その成果があまりにも素晴らしかったからです。

典子先生の保育がどのようにユニークだったかは、本書の中でおいおい説明していきますが、典子先生の保育の目標をひとことでいえば、「洗練された、品格のある子どもを育てる」ことにありました。典子先生の保育に対する信念は、「子どもはありのままでいい」といった当節流行の、親にとって耳当たりのいい考え方とは、おそらく正反対のものでした。

典子先生は、子どもを甘やかしたり、子どもだからといって大目に見るのではなく、むしろ徹底して「一人前扱い」することによって、子どもが持っている可能性を最大限に引き出す保育スタイルを貫いたのです。

その伝統は、典子先生の長男である小林照男さんが経営する保育園、「コピープリスクールズ」に脈々と受け継がれています。現在、グループ法人とあわせ二一の認可保育園を持つ（株）コビーアンドアソシエイツ（コビープリスクールズの経営母体）は、保育園業界のトップを走る企業であり、典子先生仕込みの「洗練された、品格のある子どもを育てる」保育が、子どもを預ける親だけでなく、保育とは無縁のサービス業界などからも熱い注目を浴びています。

小林照男さん、照男さんの姉の佐野早苗さん（野田市立木間ケ瀬保育所所長）、照男さんの妻の小林わか子さん（コビープリスクールよしかわステーション園長）、荒木富美子さん（典子先生の最も古い同僚）へのインタビューを通して、伝説の保育士典子先生に、子育てのエッセンスを教えてもらうことにしましょう。

典子先生は、若いお母さんたちが子育てに悩んでいると、いつもこう声をかけていたそうです。

「私に預ければ、大丈夫」

なんと心強い言葉でしょう。

典子先生の言葉は、きっと私たちに子育ての明確な方向を示してくれるに違いありません。

2 小学校からでは遅すぎる

3 子どもに憧れられなかったら大人失格 099

4 花を描くために花の種をまく 133

5 さようなら典子先生　151

1 できるのが当たり前と言えば、子どもはできる

割れないと思うから粗末に扱うのよ、
割れると思えば大切に扱うものよ。

親にとって子どもの躾《しつけ》は、最も悩ましい問題のひとつでしょう。

典子先生は子どもたちを躾けるとき、決して大声を出したり、怒ったりはしなかったそうです。それでも典子先生に躾けられた子どもたちは、自然に美しい所作を身につけていったというのですが、どうやらそこには、ある秘密があったようです。

その秘密をひとことで言えば、
逆転の発想――

です。

たとえば、典子先生は給食を出す食器にプラスティックやアルミ製のものは一切使わず、ガラス製や陶器のものだけを使いました。なぜでしょうか。コビーアンドドアソシエイツの代表、小林照男さん（以下、小林代表）は、その理由をこう教えられたそうです。

「普通ならば、子どもは食器を割ってしまうものだということを前提にして、プラスティックやアルミ製の割れない食器を使わせるわけですが、典子先生はそういう考え方を否定していました。それは大人の勝手な思い込みであって、事実は正反対なんだと。

子どもに割れる食器を渡して、『これは落とすと割れる食器だよ』と教えれば落とさないけれど、『これは落としても割れない食器だよ』と教えるから落としてしまう。考え方がさかさまなんだとよく言っていました」

こうした考え方は、コビープリスクールズ（以下、コビー）に受け継がれており、コビーではプラスティックやアルミ製の食器を一切使っておらず、すべてガラス製か陶器です。そして、園児が食器を落として割ってしまうことは、年間を通して一回あるかないかだと小林代表は言うのです。

落とせば割れる食器を使わせるからこそ、ものを大切にする心が養われると同時に、美しい「所作」も身につくのだと小林代表は言います。典子先生は保育園だけでなく家庭でも、小林代表が幼い頃から大人が使うのと同じ食器を使わせるようにしていたといいますが、なぜそれが美しい「所作」を身につけることにつながるのでしょうか。

「一般的な家庭で使う子ども用の食器といえば、プラスティック製で中身が三つに区切られているワンプレートですよね。プラスティック製だから割れないし、お豆腐も卵焼きもハンバーグも、一枚のお皿に盛ることができる。洗うのも一回で済んでしまうからとても合理的です。でも、ワンプレートにすることで大切なことを教えるチャンスを逃してしまっているのです」

そのひとつが、料理と食器の組み合わせを楽しむことだと小林代表は言います。和食に和の食器を使い、洋食に洋の食器を使うことによって、子どもは「こんな食事にはこんな食器が合うのだ」ということを、自然に学んでいきます。

たしかに、どんな料理にも子ども向けのイラストが描かれた一種類のワンプレートを使っているのでは、「料理と食器の組み合わせを楽しむ」という感覚が育まれることはないでしょう。

そして、ワンプレートではなく、ご飯はご飯茶碗によそい、お味噌汁はお椀によそい、おかずはお皿に盛りつけることによって、この食器は手に持って食べる、この食器は置いたままで食べるといった食事のマナーが自然に身についていくのだと小林代表は言います。その積み重ねが、美しい所作につながっていくというのです。

「ワンプレートは持ち上げて食べることができないので、スプーンやフォークをうまく使えない時期は、どうしても顔をプレートに近づける『犬食い』になってしまいます。犬食いがいったん身についてしまうと、後から矯正《きょうせい》するのはとても大変なのです。典子先生は『はじめを間違えてしまうと、後から直すのは大変。最初から正しいことを教えればいいのよ』とよく言っていましたが、正しいことは美しいことにもつながっているのです。

毎日同じワンプレートを使うのではなく、旬の食材に合わせて食器を替え、季節感を演出することも料理の大切な要素だと思います。子どものセンスはそうした日々の積み重ねによって洗練されていくものだというのが、典子先生の考え方でした」

実は小林代表自身、大人になってから食器のことで典子先生にひどく叱られたことがあったそうです。

それは、コピーをスタートさせるために、小林代表が事務所をつくったときのことでした。事務所にはコーヒーサーバーが必要だと考えた小林代表は、業者が定期的に巡回してきて管理してくれるタイプのコーヒーサーバーを設置することにしたそうです。

「あの、プラスティックのホルダーに紙のカップをカチッとはめるタイプのやつです。便利でいいじゃないかというのでそれを選んだのですが、事務所を見に来た典子先生に見咎《みとが》められました。『本当にお客さんをもてなそうと思ったら、紙のカップなんて使わないはずよ。いい食器を使いなさい。仕事をしていく上で大切なのはこういうところよ』って」

きちんとした食器を使うことが、自然に躾につながり、自然に美しい所作を身につけることにつながり、そして将来、社会人として生きていく知恵にもつながっていく。典子先生の教えは、こうした広がりを持っているところに特徴がありました。

お兄ちゃんにいいものを使わせれば、
下の子は自然に
ものを大切にするようになる。

典子先生は、一九九〇年から千葉県柏市の認可保育園、「ひかり隣保館保育園」に勤務するようになり、後に園長として活躍することになります。小林わか子さん（以下、わか子先生）は同園で典子先生の保育を間近に見てきたひとりです。

典子先生が赴任した当時のひかり隣保館保育園は、改築されてから二年ほどしかたっておらず園舎はとてもきれいでしたが、椅子や机は古い園舎のときのものを引き継いで使っていたため、かなり傷んだ状態でした。机や椅子を乱暴に扱ったり、落書きをする園児の姿も目立ったそうです。わか子先生が言います。

「椅子は鉄のパイプを曲げた脚に木の座面をのせたもの、机も同じようなタイプのもので、相当に傷がついていました。いくら注意をしても子どもたちは落書きをやめませんし、乱暴に扱うので途方に暮れていたら、典子先生がこうおっしゃったんです。『どうでもいいようなものを使わせるから、子どもは乱暴に扱うのよ。きれいなものを使わせれば、子どももきれいに扱ってくれるものよ』

と」

典子先生はこうした考え方の下、一脚二〇〇〇円程度だったパイプ椅子を、一脚一万円もする木の椅子に次々と取り替えていきました。木の椅子というのは、座面だけでなく、脚の部分も木でできた椅子のことです。一脚一万円の子ども用の椅子といえば、いまでも相当に高価な椅子といっていいでしょう。

「もちろん、一度に全部の椅子を取り替えることはできなかったので、椅子を使う頻度《ひんど》の高い年長さんからひとクラスずつ取り替えていきました。典子先生は保育士に対して、『絶対に椅子を引きずるな』ともおっしゃっていましたね」

椅子を引きずるなというのは、椅子を移動するときは必ず持ち上げて移動させなさいということですが、典子先生は、それを保育士が率先して行うよう指導したのです。

椅子を引きずる癖をつけると、椅子に座ったまま後ろの二脚で椅子を立てて遊ぶようになってしまう。椅子が壊れやすくなるだけでなく、後ろに転倒すると子どもが頭を打つ危険があるから、というわけです。

では、年長さんから先に新しい椅子に替えていったことには、何か理由があったのでしょうか。

「典子先生は、大きい子がきれいな椅子を大切に扱うのを見れば、小さい子もそれを真似して大切に扱うようになるから、大きな子のクラスから替えていくんだとおっしゃっていました」

これは、兄弟姉妹にも当てはまることかもしれません。

上の子、下の子どちらに新しいものを与えるかは、家庭によって考え方が違うでしょう。下の子はお古ばかりという場合もあるでしょうし、上の子がいつも「お兄ちゃんなんだから、お姉ちゃんだから、我慢しなさい」と言われている場合もあるでしょう。

典子先生の保育の方針は、徹底して年齢が上の子を優先するというものでした。後で詳しくお話しすることになりますが、それは上の子に年長者としての自覚と責任を持たせると同時に、下の子に「年長者に対する憧れ」を持たせるためでもありました。

この、大人も含めた年長者に対する「憧れ」を年少者に持たせることによって年少者の成長を促すという考え方は、典子先生の保育のとてもユニークなところでした。

テレビやビデオに
子守をさせては絶対にダメ。
見せるなら一緒に見て、
一緒に感動しなさい。

幼い子どもにも、あえてガラス製や陶器などの「割れる食器」を使わせた典子先生でしたが、テレビやビデオをつけっぱなしにして子どもに見せることには、とても否定的でした。佐野早苗さん（以下、早苗先生）が言います。

「テレビやビデオに子守をさせるなんてとんでもないことだって、よく怒っていましたね。とにかく、見せっぱなしにするのはいけないって」

なぜ、テレビやビデオを見せっぱなしにするのはいけないことなのでしょうか。テレビにも良質な子ども番組はあり、ビデオには名作といわれるものもたくさんあります。必ずしも質が悪いと言い切れない面もあると思いますが……。

「もし見せるのなら、親が一緒に見なさいと言っていましたね。一緒に楽しんで、一緒に悲しんで、一緒に怒ることで、テレビやビデオの世界に一緒に入っていってあげなさいって。親がその世界に一緒に入り込むことによって初めて、子どもはテレビやビデオの世界を疑似《ぎじ》体験することができるようになる。だから、ひとりぼっちで見せておいて、『静かに見てるからいいや』という考え方は、絶対にいけないと言っていました」

早苗先生によれば、典子先生は後で触れるように「本物の体験」の大切さを強調する一方で、「疑似体験」の大切さもよく口にしていたといいます。

「私が子どもの頃、典子先生からよく言われたのは、『絵本は疑似体験よ』という言葉でした。いいことも悪いことも、嬉しいことも悲しいことも、子どもは絵本を通して疑似体験する。だから、絵本は常にハッピーエンドである必要はないんだよって。

いいことをすればいい結果が訪れて、悪いことをすれば悪い結末がやってくる。そういうことを疑似体験する中で、子どもは自然にものの善悪を学んでいく。あるいは、夢や憧れを疑似体験することによって、自由で豊かな発想を持てるようになっていく。とにもかくにも疑似体験が重要なんだとよく言っていました」

子どもにテレビやビデオを見せっぱなしにすることが、なぜ疑似体験にならないのかは議論のあるところでしょうが、目の前を次々と映像が通り過ぎていくのをボンヤリ眺めているだけでは「体験」にすらならないということは、なんとなくわかる気がします。次々と場面が変わっていけば、たしかに子どもは飽きないかもしれませんが、実は、ひとりで見ている子どもの心には何も残らないのかもしれません。

しかし、親が一緒になって感動し、泣き、笑い、喜ぶことによって、次々に流れ去っていく映像が確固とした手応えのあるものになるのであれば、テレビやDVDを見せるのは必ずしも悪いことではないのでしょう。

おもちゃがなくなったら
徹底的に捜させなさい。
捜すのに苦労すれば
ものを大切にするようになるから。

典子先生は、おもちゃの片付けについても独特の考え方を持っていました。元あった場所に戻すのは当然として、片付けのときにおもちゃの数が足りなかった場合、みつかるまで徹底的に捜させたというのです。いったいなぜでしょうか。わか子先生が言います。

「おもちゃの数をきちんと勘定してからしまうという作業を、外遊びのたびに毎回やっていたのですが、典子先生は、砂遊びセットがひとつ足りないだけでもみつかるまで捜させていました。

最初は年長さんのお当番の子たちが捜して、それでもみつからないときは子どもたちのお昼寝の時間に、私たち保育士が捜しに行きました。砂遊びセットのときはまだいいのですが、お砂場でビー玉遊びをすることがあって、ビー玉の数が足りなかったときは、それはもう大変でした」

砂場の砂の中からビー玉を捜し出すのは、考えただけでも大変なことです。ビー玉ひとつぐらいならなくなってもいいような気がしますが、なぜ典子先生は、そこまで徹底しておもちゃを捜させたのでしょうか。

「捜すのに苦労をすると、ものをきちんと管理するようになるとおっしゃっていました。たとえば砂場で山をつくって遊んだりした後は、砂をならしてから、使ったスコップやカップをきちんと種類ごとに分けて、数を数えながら籠に並べていくのですが、そうやってしっかり管理させることによって、お当番の子の責任感も養っていたのだと思います」


また、典子先生は、どんなに小さなものでも子どもが壊したりなくしたりしたときには、きちんと謝らせるようにしていました。そこにも典子先生なりの、きっぱりとした考え方があったようです。

「最たるものは、ブロックでしたね。ブロックなんて本当に小さなものですから、普通なら壊れてしまっても、『仕方ないね』でおしまいにしてしまうと思うのですが、典子先生は違いました。普通に扱っていて壊れてしまった場合には謝りなさいとは言わないのですが、『そんなことをすれば壊れるよ』という扱い方をした場合には、ブロックひとつでも必ず謝らせていました」

ブロックのような小さなものでも、ということは、典子先生はものの大小や値段が高いとか安いとかいうことではなく、壊れるような扱い方をしたのかどうかを問題にしていたということになります。

万事につけて厳しい典子先生のことです。怒り方もさぞや怖かったのではないでしょうか。

「ところが、謝らせはするのですが、怒るということはしないんですよ。『どんなふうに使ってたの？』とか、『どんなふうに持ってたの？』と子どもに尋ねて、『そんなことをしたら壊れるのが当たり前だよね。もう、わかったよね』と言って聞かせるだけなのです。『先生がとても大切にしているものだから、大切に扱ってちょうだいね』って」

特に二、三歳の頃はいわゆるヤダヤダ期で、「謝りなさい」と言ってもなかなか謝ろうとしないものです。そんなとき、大きな声を出してでも謝らせたほうがいいのか、そういう時期だから仕方ないと諦めたほうがいいのか、親としては悩ましい問題です。

「親や先生が何を言ってもごめんなさいを言いたがらない時期って、たしかにありますよね。そんなときは、担任が一緒に典子先生のところへ行って、『一緒にごめんなさいしようね』と、子どもと一緒に謝るようにしていました。典子先生は子どもがごめんなさいをできたら、『よく言えたね』と必ず褒《ほ》めていました」

典子先生は、どんな小さなことでも謝るように習慣づけると同時に、『一度ごめんなさいをしたら、もう許してあげる』という習慣も、子どもたちにしっかりと身につけさせていたのです。

自分だけがいいんじゃなくて、
みんなが気持ちよく過ごせることが
ルールだよ。

さて、典子先生の躾の事例をいくつか見てきましたが、子どもを躾けようとするときにいったい何を基準にすればいいのか、案外、突き詰めて考えたことはない人が多いのではないでしょうか。

そのときの気分次第で、それをやってはいけないとかやってもいいとか、親がコロコロと態度を変えていたのでは子どもが混乱しかねませんし、あまり細かいことを言わずに伸び伸び育てればいいという考え方もあれば、躾は厳しくしたほうが後々のためだという考え方もあるでしょう。

早苗先生によれば、典子先生の躾に対する考え方は、とてもはっきりしていました。

「ひとつには、生活の基本的な所作は子どものときにしっかり身につけさせたほうがいいということです。これは、いつも言っていたことですね」

基本的な所作とは、たとえば、玄関を上がるときに靴を揃える身のこなし方のことです。靴の向きと右左をきちんと揃えることはたいていの親が教えますが、所作というレベルまではなかなか考えが及びません。

「たとえば上がり框《がまち》にあがって、上がり框の上から靴を揃えるときにどうしますか。立ったまま腰を折って揃えるのではなくて、ちょっと脚を横に向けて軽く膝をついて揃えると美しく見えますよね。所作ってそういうことだと思うのです。

そういう美しい所作を保育士や親が日頃から見せていれば、子どもは自然に真似をするようになります。典子先生は、とにかく最初から正しい所作を教えてしまいなさいとよく言っていました。最初に間違えてしまうと、後から直すのは大変だからと」

では、「正しい所作」とは、いったいどういう所作なのでしょうか。お茶やお華を勉強しないと身につかないものなのでしょうか。

「そんなことはありません。典子先生は、周囲の人が見て『えっ』とか『うわっ』と思わなければ、まずは合格だと言っていました。躾の基本としていつも子どもたちに言っていたのは、『自分だけがいいんじゃなくて、みんなが気持ちよく過ごせるようにってていうのがルールだよ』ということでした。もちろん目指すところは、品のいい所作なわけですが、それもわざわざ勉強するのではなくて、真似をするのがいい。形から入るのがいいと言っていましたね」

「美しい所作」といわれるとハードルが高い気がしますが、その基本にあるのが、周囲から見て不愉快でない立居振舞をしましょうという考え方だとわかれば、納得がいきます。

ちょっと耳の痛い話ではありますが、周囲の大人たちが日常的に美しい所作をしていれば、子どもは自然にそれを真似ていくのでしょう。言い換えれば、子どもは親の所作の鏡だということです。

梯子《はしご》の角度は急なほうがいい。

躾と同じように難しいのが、子どもに「危険」を教えることです。

あまり口を酸っぱくして「危ない、危ない」と言うと子どもが萎縮《いしゅく》してしまうような気がしますが、さりとて、危ないことは危ないとしっかり教えないと、取り返しのつかない怪我をさせてしまうことになりかねません。典子先生は、子どもたちにどうやって「危ないこと」を教えていたのでしょうか。

典子先生の「危険」の教え方を象徴する、大変に興味深いエピソードがあります。

小林代表が「コピープリスクールのだ」の園舎の設計を考えていたときのことです。小林代表は園舎全体を遊具のようにして使える構造にしたいと思い、屋根裏部屋に子どもがあがれる仕掛けをつくろうと考えました。そこで屋根裏部屋に階段であがれるようにすると同時に、より遊具らしくするために、梯子《はしご》でも上れる構造にしたいと考えたのです。小林代表が言います。

「屋根裏部屋にあがる梯子をつけようと思ったら、屋根裏部屋が結構な高さにあったので、ずいぶん急な梯子になってしまうことがわかったのです。そんな急な梯子を上らせて、万一上のほうから転落したら確実に怪我をさせてしまいます。それはまずい。そこで僕は、梯子の傾斜をもっと緩やかにしたほうが安全だと言ったわけです。すると典子先生が、それは違う、逆だと言うのです」

常識的には、階段も梯子も傾斜が緩やかなほうが安全に感じられます。そういう意味で、小林代表の考えたことは常識に合致するものでした。ところが典子先生はこう言ったのです。

「一見、安全なものにしてしまうほうが、子どもにとってはかえって危険なのよ」

いったいどういう意味でしょうか。

「たしかに梯子の傾斜を緩やかにすると、一見、安全そうに見えますよね。ところが典子先生は、安全そうに見えると子どもは緊張感を失ってしまうから、かえって転落する危険性が高くなる、むしろ、急角度にしたほうが緊張しながら上っていくから転落しないと言うのです」

まさに、「逆転の発想」です。

典子先生の深い洞察に納得した小林代表は、屋根裏部屋にあがる梯子を急角度のままにしました（三九ページ写真参照）。すると、子どもたちは緊張を緩めずに、しっかりと自分の手で梯子をつかんで上っていくので落ちないのです。反対に、大人のほうが油断して落ちたことがあるというオマケまでつきました。

最近の児童公園を見ると、地面にコルクのような柔らかい素材が張ってあったり、遊具自体が柔らかい素材でできていたりします。そこには、子どもが怪我をすることを予防しようという考え方が見て取れます。しかし、地面が柔らかいから落ちても痛くないとなれば、「落ちないようにしなければ」という緊張感は、当然薄くなってしまうでしょう。

怪我をする危険を過剰に予防することは、むしろ子どもの自己防衛能力を弱めてしまう可能性があることを、私たちはもう少し考えたほうがいいのではないでしょうか。

子どもにはよく切れる包丁を使わせて、
大怪我じゃない程度の
怪我をさせたほうがいい。

早苗先生は小さい頃から典子先生の家事を手伝っていましたが、典子先生はここでも得意の「逆転の発想」を使い、実体験を通していろいろなことを教えていたようです。早苗先生が言います。

「休みの日に典子先生が自宅の庭で草取りをしている横で、私はよくおままごとをしていました。典子先生が根っこから抜いた雑草をポンと投げてよこすので、私はそれを野菜に見立てておままごとセットで料理していたのです」

これだけを聞けば、ありふれた親子の風景かもしれませんが、さすがは典子先生、普通のおままごとセットを与えたわけではありませんでした。

「おままごとセットといっても、典子先生が用意してくれたのは、本物の包丁と本物のまな板だったのです」

包丁は錆《さ》びているとよく切れないし、よく切れないと野菜を切るときに刃が躍《おど》ってしまって怪我をしやすい。しかも、錆びた包丁で切った傷は治りが遅い。反対に、よく研《と》いだ包丁を使うとよく切れるし、たとえ怪我をしても治りが早い。

早苗先生はこうしたことを、本物のおままごとセットを使うことによって、身をもって学習したといいます。

「おままごとだけでなく、本当の料理の手伝いも四歳ぐらいからやっていました。本当の料理のときには、ものすごくよく研いだ包丁を持たされましたね。そして、よく切れる包丁を使えば、野菜は包丁の重みだけでストンと切れるということを教えられました。もちろん、何度も手を切りましたけれど、『なんでもやってみないとわからないでしょう』が典子先生の口癖でしたね」

早苗先生は、ドーナツや天ぷらなどの油物を揚げる手伝いまでやったそうです。包丁を持たせる親はいるかもしれませんが、油物はやけどが怖いので、子どもは近づけないのが普通ですが……。

「典子先生がドーナツを揚げているのを横で見ていると、よく『一緒にやる？』と言って、種を油に落とすところまで一緒にやりました。典子先生がやると油がはねないのに、私がやるとバシャーンと油が飛び散ってとても熱い。『どうやれば熱くないの？』と聞くと、『よく見ててごらん、高さが違うでしょう』と正しいやり方を教えてくれました。

間違って油の中に指を入れてしまったときも、『ねっ、油って熱いでしょう。この程度なら水で冷やせば大丈夫』って、落ちついたものでした」

こうして典子先生から日常的に〝指導〟を受けていた早苗先生は、典子先生の「危険」に対する考え方を、こうまとめてくれました。

「子どもから危険を排除してはダメだということですよね。どのくらいだったら大丈夫、どこまでなら大丈夫という見極めをつける能力を授けてあげるのが大人の役割だと、典子先生はよく言っていました。決して大怪我には至らないけれど、小さな怪我はするかもしれないという程度の実体験を積ませることを、とても大切にしていました」

世の中が豊かになるにしたがって、子どもをとりまく環境はより過保護な方向に向かっています。典子先生の、「大怪我にならない程度に小さな怪我をする体験」をたくさん積ませるという考え方は、こういう時代にこそ重要なものだと思えてなりません。

ICTもハサミも使いよう。

小林代表も、「危ないものを子どもの生活からオミットするのはナンセンスだ」という典子先生の教えを、さまざまな場面で耳にしました。典子先生はハサミや包丁といった物理的に危険なものだけでなく、それ以外の面でも、子どもを純粋培養することはよくないと考えていたようです。

そうした考え方を受け継いで、コビーでは子どもに積極的にＩＣＴ（インフォメーション・コミュニケーション・テクノロジー）に触れさせているというのです。小林代表が言います。

「いま、ＩＣＴって子どもに悪い影響があるというイメージになっていますよね。だから取り上げてしまうとか、ある程度の年齢になるまで触れさせないというのが一般的な考え方だと思います。でも、それってハサミは危ないから触らせないというのと同じ考え方だと思うのです。大切なのは、むしろきちんと使い方を教えてＩＣＴリテラシーを育てることではないでしょうか。

なぜなら、いくら保育園からＩＣＴをオミットしたところで、お父さん、お母さんがスマホを使っていれば子どもは見てしまう。するとスマホはYou Tubeで動画を見るだけの〝小さなテレビ〟に過ぎなくなってしまうのです。そんなことになるぐらいなら、遠くの人とコミュニケーションをとれたり、いろいろなものをクリエイティブにつくり出せるという、ICTのもっと大きな可能性に触れる体験を先にさせてしまったほうがいいと思うのです」

コピーではこうした考え方にもとづいて、すでに四つの園で年長さんに一台ずつiPadを持たせているそうです。

では、iPadを使ってどんなことをやっているのかといえば、たとえば、埼玉県吉川市にある「コピープリスクールよしかわ」では、園の周囲にある水田で稲が生長する様子を園児がiPadで撮影して、「稲の生長記録」をつくっています。また、近くの用水路で行われた「ザリガニ釣り大会」にやってきた「コピープリスクールかみめぐろ」（東京都目黒区）の園児の写真を撮影し、それをSkypeを使ってかみめぐろの園児に見せてあげるという経験もしました。

「こういうことをやって、ＩＣＴはYou Tubeを見るためのおもちゃじゃなくて、遠くのお友だちとコミュニケーションできるツールなんだよということを教えています。危険だからといって遠ざけるのではなく、先手を打って正しい使い方を教えているわけです。世の中ではＩＣＴは子どものコミュニケーションの機会を奪うものということにされていますが、まったく逆です。iPadを持たせたことによって、子どもたちのコミュニケーションの幅はどんどん広がっていますよ」

まさに、典子先生が切れる包丁を使わせたのと同じ理屈です。ただし、大人がしっかり見守ってあげることが大切だと小林代表は言います。

早苗先生が油物を揚げるときも、典子先生がしっかりと危険かどうかを見極めてくれたように、ＩＣＴについても大人がしっかりと危険な使い方をしないように見守ってあげていれば、無闇に恐れて遠ざける必要はないということでしょう。

走っちゃダメって言うと
子どもはよけいに走るから、
「つま先で歩いてごらん」って
言えばいいのよ。

さて、典子先生の「危ないこと」に対する考え方をいくつか見てきましたが、どうしても危ないことをやめさせなければならない瞬間もあります。「危ない」「やめなさい」「ダメ！」。親はいろいろな言葉で危ないことをやめさせようとしますが、中には、やめさせようとすればするほどそれをやりたがる子どももいますからやっかいです。そんなとき、典子先生は子どもにどんな声をかけたのでしょうか。わか子先生が言います。

「本当に不思議なもので、子どもって走っちゃダメよって叱ると、ワーッと全力で走って逃げていくんですよね。だから、走っちゃダメとか、廊下を走らないでとかいった注意の仕方をすると、それが結果的に怪我の原因になってしまったりするのです」

実は、典子先生はこうした「声掛け」の場面でも、「逆転の発想」を使っていました。

「典子先生って、園舎の中で走っている子を見ても、走っちゃダメよとは言わないんですよ。注意するのではなくて、『つま先で音をたてないようにゆっくり歩いてごらん』って言うんです。本当に不思議なのですが、走るなというとよけいに走る子が、歩いてごらんって言われるとゆっくり歩くんです」

走るな、という禁止を、「つま先で音をたてないように歩けるかな?」という課題設定へ切り替えると、子どもたちにはその課題をクリアしたいという気持ちが生まれて、結果的に、廊下を走るのをやめているということでしょうか。この、禁止を課題の設定に切り替えてしまう方法、ほかにもいろいろな場面で使えそうです。

ところで、「歩いてごらん」はわかりますが、なぜ「つま先で音をたてないように」なのでしょう。

「歩き方の基本として、つま先で音をたてないようにということは、いつもおっしゃっていましたね。ひとつは、落ち着いた行動を身につけさせるには、つま先で静かに歩くことが基本だという考えがあったようです。もうひとつは、かかとからバタバタ歩く子はお遊戯《ゆうぎ》なんかをやってもきれいに見えないし、いざ、外でかけっことなったときに遅いんです。つま先で歩く習慣を身につけた子のほうが、格段にかけっこが速くなる。だから、それを身につけさせたかったのでしょうね」

ゆっくり静かに歩く癖をつけた子のほうが走るのが速いというのも面白い話ですが、では、どうすれば子どもは「つま先で音をたてないように」歩けるようになるのでしょうか。

「これも、本当に不思議なことなのですが、どんなに小さな子でも見よう見真似でやろうとするのです。そして、真似をしていくうちにできるようになってしまうんです」

後で詳しくお話ししますが、典子先生は、保育士や年長さんなどの目上の人に対して、目下の子どもたちが「憧れ」を抱くことをとても大切に考えていました。そして、目上の人間が常に目下の人間から「憧れられる」ふるまいをしていれば、目下の子どもたちは、自然にそのふるまいを真似するようになるというのです。

ですから、年上の人たちが日頃から、「つま先で音をたてないように」歩いていれば、ことさら指導をしなくても、幼い子どもたちも自然にそうやって歩くようになる。それが、典子先生の考え方でした。

お箸は右手、ハサミは左手。

さて、この章では「躾」と「危ないことをいかに教えるか」を中心に典子先生の言葉を集めてみましたが、最後に、とても印象的な言葉をご紹介したいと思います。それは、左利きに関する言葉です。

実は、典子先生は左利きでした。しかし、左利きを矯正してお箸もペンも鉛筆も右手で使っていました。ところが、ハサミは左手で持ち、とても精巧な窓装飾（紙を切って窓に貼る装飾）などをつくっていました。典子先生の窓装飾は、細かくて精巧なだけでなく、窓の内側から見ても外側から見てもまったく同じように見えるという、それこそ〝伝説的な窓装飾〟だったそうです。

典子先生は、こうしたクリエイティブな活動をするときは左手を使い、食事と文章を書くときは右手にスイッチしていたわけで、左利きの園児に対してもその方針を貫いていました。

つまり、

お箸は右手、ハサミは左手――

というわけです。

なぜ、そういう切り替えをしていたかといえば、典子先生が躾と個性というものをはっきりと分けて考えていたからです。小林代表が言います。

「現代は個性重視の時代なので、左利きを右利きに矯正するなんて言うと、下手をすればご両親から『人権侵害だ』などと訴えられかねない状況です。でも、典子先生は左利きの子にきっぱりと、『お箸と鉛筆は右手で持ちなさい』と指導していました。なぜかといえば、日本語の文章の書き方も、漢字の筆順も右利き向きにできているし、食器の配置も右利き向きになっているからです。典子先生は、そうした生活に関わることに関しては、絶対に右利きに矯正したほうが将来その子のためになるという確信を持っていたのです」

実はこの考え方は、典子先生の「躾」に対する考え方の核心でもあります。まとめてみると、こうなるでしょうか。

「躾とは、子どもが生活しやすくしてあげることです。そして、生活がしやすくなる所作を身につけてあげるのは、大人の責任です」

一方で、ハサミに関しては左利きのままで一向に構わないと典子先生は考えていたようですが、それはなぜなのでしょうか。

「躾の範疇《はんちゅう》に入るものに関しては右利きに矯正させていましたが、ハサミで紙を切るようなクリエイティブな作業に関しては、典子先生自身も左手を使っていましたし、子どもたちにもそうさせていました。つまり、躾以外の部分では左利きを個性として、しっかりと尊重していたわけです」

子どもを厳しく躾けている親は、子どもの一挙手一投足をチェックして、まるで子どもの個性を抑圧しているように見えることがあります。一方、個性を尊重しているという親は、実際のところ、子どもに勝手気ままに振る舞わせているだけのようにも見えます。

多くの親は、躾と個性尊重の間で揺れているのだと思いますが、典子先生の右利き左利きに対する姿勢は、この問題に対するはっきりとしたひとつの答えではないでしょうか。つまり……。

・躾とは、子どもが将来生きていきやすくしてあげること

・個性とは、その子が生まれながらに持っているもの

子どもが生きやすくなるためには、個性を矯正することも必要でしょうが、生きやすさに関係のない個性は、そのまま生かしてあげればよい。まさに「お箸は右手、ハサミは左手」ということなのです。

この区別をしっかりと頭に入れておけば、もう、躾と個性の間で悩むことはなくなるでしょう。

2 小学校からでは遅すぎる

ナイフとフォークで
ハーフコースを食べさせなさい。

典子先生が「最初を間違えてしまっただけ。最初から正しいことを教えればいいのよ」と口癖のように言っていたお話はすでにしました。もうひとつ、典子先生がいつも強調していたのは、「子どもを一人前扱いしなさい」ということでした。たとえはっきりとした言葉で「一人前扱いしなさい」とは言わなくても、重要な場面で典子先生は、必ずそのように振る舞っていたといいます。

それは、別の言い方をすれば「本物に触れさせる」「本物を体験させる」ということでもあるのですが、さて、典子先生はいったいどのようにして園児たちを「一人前扱い」していたのでしょうか。小林代表が言います。

「たとえばレストランに行くと、お子様ランチというものがありますよね。あるいは料亭のようなところへ行っても、子どもがいると子ども用にエビフライだとか、ハンバーグといった、いかにも子どもが好きそうなものを別につくって出してくれたりします。しかし、典子先生はそういうことを好みませんでした。〝お子様用〟の別の料理を頼まずに、大人と同じ料理をポーションを落として頼むようにしていました。それができないときは自分の料理を分けて与えるというように、子どもだからエビフライ、ハンバーグじゃなくて、大人と同じ料理を量を減らして与えていたということです」

早苗先生によれば、典子先生の「一人前扱い」は、なんと離乳食のときから始まっていたというから驚きです。

「これは、味覚を育てるにはどうすればいいかということでもあるのですが、典子先生は赤ちゃんのときから、『本当においしいもの』を食べさせればいいという考え方でした。祖父母に連れられて年に二回、箱根の老舗《しにせ》旅館に食事に行く習慣があったのですが、そういうときにもちゃんと離乳食を注文するわけです。そうすると、本物の出汁《だし》を使ったものすごくおいしい離乳食が出てきます。もうそれを食べている弟（小林代表）の表情が明らかに違うんですね。

家でも、祖父が味にうるさかったので、典子先生はしっかりと出汁をとって素材の味を生かした料理をつくっていましたけれど、その一方で、ニラやニンニクは子どもに食べさせませんでした。理由は、香りの強すぎるものを子どものときに食べさせると、強い香りで味がわからなくなってしまうので味覚が育たないということでした」

こうして子どもに本物の味を覚えさせることには、いったいどんな意味があるのでしょうか。早苗先生が言います。

「本来は、子どものほうがおいしい、おいしくないということについて敏感なんだと思うんです。そうした、子どもが持っている本来の力を引き出してあげるのも、化学調味料で潰してしまうのも、親次第、周囲の大人次第ということだと思うのです」

小林代表によれば、典子先生は本物の味を園児に教えるだけでなく、食事のマナーについても、それこそ子ども扱いせず大人と同じことを教えたといいます。

「昭和の時代にあんなことをやっていたのだから驚きですが、典子先生は園児にナイフとフォークの使い方を教えるため、給食でコース料理を出したりしていたのです。さすがにフルコースは食べ切れないので、前菜とスープとメインディッシュという程度のハーフコースでしたが、最初はぎこちなくても、だんだんナイフもフォークも使えるようになるんですよ」

こんなところにも、典子先生の「逆転の発想」が見て取れるようです。

子ども扱いをするから大人と同じことができないのであって、きちんと一人前扱いをすれば、子どもは見よう見真似で大人と同じことができてしまう。そうした、子どもが本来持っている能力を潰してしまうのは、実は〝子ども扱いしている周囲の大人たち〟なのかもしれません。

典子先生はよく、「小学校からでは遅すぎる」と言っていたそうです。そこには、保育園の段階で一人前扱いをし、本物体験をさせればもっと子どもは伸びるのにという、典子先生の痛切な思いがあったに違いありません。

破いてもいい絵だから
破かれるのよ、
本物の絵を飾りなさい。

典子先生の、「子どもたちに本物を体験させたい」という思いは、食事だけでなく、美術や音楽などあらゆるジャンルに及んでいました。

小林代表には、「本物」ということについてこんな印象的な思い出があるそうです。

「実家が大師山報恩寺というお寺なので、知り合いにお寺さんが多いんですね。あるお寺さんが客殿をつくって、その落慶法要《らっけいほうよう》というのでしょうか、新築のお披《ひ》露目《ろめ》があったので典子先生と僕のふたりで出かけていったことがあるのです」

客殿は見事なつくりでしたが、不思議なことに、柄も絵も描かれていない襖《ふすま》が使われていました。典子先生が疑問に思ってそのお寺の住職に理由を聞いてみると、こんな答えが返ってきたというのです。

「この客殿には子どもも入ってくるから、いい襖を入れても破かれてしまうだけです。だから無地の襖で十分なのです」

この言葉を聞いた典子先生は、後で小林代表にこんなことを言ったそうです。

「お寺の品格は襖絵で決まる部分もあるので、普通は数百万もするような襖絵を使うものなので、住職の理由はもっともだと思えますが、典子先生の視点はそういうこととも少し違いました。『見る人が、これは破いてもいい襖だと思うような襖を使うから破かれるのよ。誰が見ても素晴らしいと思う襖絵を使えば、誰も破こうとしないものよ』と。やはり、典子先生は発想が逆なんですよ」

典子先生のこうした言葉に感化されてきた小林代表は、コピーでそれを実践に移しているそうです。

たとえば――信じられないことですが――「コピープリスクールのだ」の保育室には、あの千住博氏（日本画家）の滝の絵が飾ってあるというのです。本当に破かれないのでしょうか。

「子どもたちの身体より大きな千住博の絵画が普通に飾ってありますよ。『触っちゃダメ』といった注意はしていないのですが、いまのところ破かれても汚されてもいません。のだの保育士によると、よく園児が滝の絵の前にちょこんと座ってじーっと眺めているというのです。やはり本当にいいものには、園児の心に響くものがあるのではないでしょうか」

子どもに思い切って本物を与えてしまえば、むしろ口うるさく注意をしなくても大切に扱ってくれるのかもしれません。そして、本物から何かを感じとってくれるのかもしれません。

ちょっと勇気のいることですが……。

BGMは生演奏じゃなければダメよ。

典子先生はピアノも歌もうまく音楽に対する造詣《ぞうけい》も深かったそうですので、やはり音楽に関しても、早い時期から本物を聴かせることに腐心《ふしん》していたようです。

早苗先生が言います。

「典子先生は、『小さい頃に本物を見ることで、その子に力がついていくんだよ』とよく言っていました。『スタートは一緒。生まれたときはみんな無垢《むく》なのに、環境要因で大きく変わっちゃうんだよね』とも言っていましたね。そういう考え方を持っていたからだと思いますが、私は小学校三年生のときから生のオーケストラを聴かされていました。

初めて生のオーケストラの音を聴いたのは、松山バレエ団の『紅毛女』という日中友好のための演目でしたが、それまでバレエといえば『白鳥の湖』みたいなものしか知らなかったので、こんな表現もあるんだって驚いた記憶があります」

早苗先生が小学校三年で初めてコンサートへ行ったということは、弟の小林代表はもっと小さいときに生のオーケストラを体験したのかもしれません。

しかし、幼児をコンサートホールに連れていくのは、なかなか難しいことではないでしょうか。
「僕はたしか二歳のときに、フルオーケストラのコンサートに連れていかれました。ぐずったらすぐロビーに出られるように、一番後ろの席をとっていたようです。でも、休憩の時間なんかになると、わざわざ最前列まで連れていってくれて、間近に楽器を見せてくれたりしました。

小学校にあがるまで定期的にコンサートに連れていかれたので、拍手をするタイミングだとか、演奏中は席を立てないから前もってトイレに行っておくとか、そういうひと通りのマナーは小学校前に身についていましたね」

まさに、典子先生は「小学校では遅すぎる」という言葉通りのことをわが子の教育で実践していたわけです。では、小林代表の人生は、こうした一種の「早期教育」によってどのような影響を受けたのでしょうか。

「正直なところ、小さい頃はＮＨＫ交響楽団と読売交響楽団とどちらがうまいかとか、指揮者によってどのように演奏が変わるかといったことは、よくわかりませんでした。そうした違いを少しずつ理解して、演奏を味わうことができるようになったのは中学生になった頃からですが、おそらく中学生時代にクラシックに興味を持てたのは、小さい頃から聴かされたからでしょうね。みんなロックに行ってしまう年頃ですからね」

小林代表の自宅（＝典子先生の自宅）には、クラシックレコードの全集が、作曲家別と年代別の二系統揃っていたそうですが、典子先生は「子どもにはまだ早い」とは絶対に言わなかったそうです。

「何十巻もある解説付きの重厚な全集でしたけれど、子どもだから触っちゃダメとか、子どもだから見ちゃダメという言い方は絶対にしませんでしたね。やっぱりそこも一人前扱いで、子ども用、大人用という線引きをしていませんでした」

一方、わか子先生は保育士として、典子先生のピアノの生演奏に触れる機会が多かったそうです。同じ生演奏でも、オーケストラの生演奏を聴かせることと、保育園で生演奏を聴かせることには、目的に大きな違いがあったようです。わか子先生が言います。

「朝の集まりとか、帰りの集まりが終わって、園児が各教室に帰るときには、必ず典子先生がピアノでマーチ（行進曲）を弾いていました。特に行進をするときは、絶対に生で演奏してあげないとダメだとおっしゃっていました」

なぜ、レコードやCDをかけてはダメなのでしょうか。

「その日その日の子どもたちの状況やコンディションによって行進のスピードは変わるから、それに合わせてあげなくてはいけないし、途中で速さを変えてあげたほうがリズムが出ていい場合もある。だから、レコードじゃダメなんだということでした。

子どもに合わせるばかりでなく、子どもがピアノに合わせて歩くことも大切だとおっしゃっていましたね」

典子先生はおそらく、ピアノ奏者と「息を合わせる」ことを子どもたちに教えたかったのではないでしょうか。たしかにそれは、機械ではできない教育です。

保育園も国際化しなくては。
でも、英語は日本語が
できるようになってから。

さまざまな本物体験を子どもたちにさせてきた典子先生ですが、その極め付きがアメリカでの園児のホームステイです。

子どもたちに国際性を持たせることが大切だと考えていた典子先生は、それにはまず保育園から国際化すべきだという、大胆な発想を持っていました。そして、実際にアメリカの保育園と姉妹園提携を結んで、まずは研修のために保育士を派遣し、アメリカからも保育士を受け入れました。

そして、なんと一九九八年には、「ひかり隣保館保育園」と「コピープリスクールのだ」の四歳児と五歳児数名に、アメリカの提携先の保育園で保育を受けさせ、同じ年頃の子どものいる家庭にホームステイをさせるという、「フォールキャンプ98」を実現してしまうのです。

典子先生自身はほとんど英語ができませんでしたが、姉妹園提携などの交渉のために渡米して、見事に交渉をまとめてしまいました。そして、典子先生はこうした交流を、九八年の初回を含めて、合計で三回も実現しているのです。小林代表が言います。

「九八年の第一回目のときには、ケンタッキー州にあるブエナ・ビスタ・アーリーラーニングセンターという保育園へ行きました。当時、僕はすでにコピープリスクールのだを経営していたので、コピーとひかりの合同企画ということで、僕が七泊八日で四人の園児を引率していったのですが、典子先生からその話を持ちかけられたときは、正直言って驚きましたね。だって、保育園児を一〇時間以上も飛行機に乗せるんですよ。それだけでも大変なことです。

僕が『この企画無理だよ』と言うと、典子先生にひどく怒られました。『子どもに本物の外国を体験させられるチャンスなのに、何を躊躇《ちゅうちょ》しているんだ』って。それでもうんと言えずにいると、『何かあったら全部私が責任をとるから行きなさい』と言われました」

大変な情熱ですが、典子先生はなぜそこまでして保育士や園児を海外へ送り出したかったのでしょうか。

「実は、日本から送り出すばかりではなくて、典子先生は保育士を招いたり、外国人をホームステイさせたりということもずいぶんやっていたのです。なぜそういうことに熱心だったかといえば、世界には多種多様な人種がいて、多種多様な文化があるということを素直に受け入れられる素地をつくるには、幼児のうちから異文化に触れさせることが必要だと考えていたからだと思います。それがグローバル化に対応するためにまず重要なことで、言葉は後からついてくるという考え方でした」

子どもを国際的に活躍できる人間に育てたいと考える親の多くは、まずは子どもに英語を習わせようとするものですが、はたして典子先生は、英語の早期教育に対しては、どのような考え方を持っていたのでしょうか。

「小さいうちからふたつの言語を教えるということについて、典子先生は疑問符をつけていました。おそらく、小さい頃に海外生活を経験して日本に帰ってきた子どもたちが言葉で苦労する姿を、たくさん見てきたからだと思います。ですから、まずはしっかりと日本語を身につけて、英語やそのほかの言語はあくまでも〝外国語〟として習得すべきだと考えていましたね。

典子先生は外国語が話せる＝グローバル化という考え方の人ではなかったし、典子先生自身、英語を話せるわけではありませんでしたが、ホームステイに来た外国人と絵やジェスチャーで、ちゃんとコミュニケーションをとっていました」

コビーでは「英語保育」を実施していますが、小林代表によれば、それは必ずしも「英語を話せるようになること」を目指したものではないそうです。アメリカの大学を卒業している小林代表はご自身の体験もふまえて、

「日本人としてのアイデンティティーを確立しないままグローバルな世界に放り込まれてしまうと、自分がどこにいるかわからなくなってしまう」

と言います。

現在、コビーで行われている英語保育は、世界にはさまざまな文化があることを知り、日本の文化もその中のひとつであることを理解するための保育であると

小林代表は言います。

グローバル化＝英語が話せないとダメ。

親は短絡的にこう考えて、ともかくわが子を英語が話せる人間にしたいと焦ります。そのためにも、なるべく早いうちから英語を学ばせたほうがいいと考えがちです。しかし、英語のほとんどできない典子先生がアメリカへ飛んで、アメリカの保育園と姉妹園提携を結んでしまったこと、あるいはホームステイにやってきた外国人と絵や身振り手振りで堂々とコミュニケーションしていたことを考えると、語学がすべてではないということがよくわかります。

大切なのは、グローバルな世界でこれをやりたいという情熱であり、言葉の通じない外国人と対面しても動じることのない、日本人としてのアイデンティティーをしっかり持つことであると、典子先生は身をもって教えてくれているのではないでしょうか。

この子、ほかの子とちょっと違う。

英語の早期教育についてはやや疑問を持っていた典子先生ですが、いわゆる英才教育についてはまったく否定していませんでした。むしろ、子どもの才能を早期に見抜くのは、保育のプロフェッショナルである保育士の責任だと考えていたようです。ですから、

「この子、ほかの子とちょっと違う」

と気づくと、その才能を引き出して大きく育てるために、積極的に親にアドバイスをしていたといいます。小林代表が言います。

「保育士って、ベテランになると、それこそ何百人という子どもを育てているわけですから、いわば子どもを見るプロなんです。突出した能力を持っている子がいれば、すぐにわかってしまいます。親御さんは基本的に自分の子どもしか見ていませんから、自分の子どものことを一番よくわかっていると思っておられるでしょうが、実はそうでもないのです。

極端な話になりますが、異様に記憶力のいい子がいれば、ああ、この子は将来

東大に入るレベルだなってわかりますし、職員よりも足の速い子がいたときは、ひょっとするとこの子はJリーガーになるんじゃないかと予想しました。実際、その子はいま、Jリーグのユースチームで活躍をしています」

しかし、この子どもの才能という問題、親にとってはなかなか悩ましい問題でもあります。

多くの親は、自分の子どもに何か特別な才能があればいいと願っています。ピアノ、バイオリン、バレエ、絵画、野球、サッカー、水泳などの習い事をさせている親のほとんどが、あわよくば、いつかわが子がイチロー選手や本田選手のように世界で活躍するアスリートにならないものかと夢を描き、あるいは、海外のバイオリンやピアノのコンクールで優勝しないかと心の片隅で期待しているのではないでしょうか。でも、現実は厳しいものです。才能で食べていけるようになる人間など、ほんのひと握りに過ぎません。

その一方で、豊かな才能に恵まれているにもかかわらず、周囲にその才能に気づいてくれる人や伸ばしてくれる指導者がいなかったために、埋もれたままになってしまう子もいることでしょう。

才能が乏しいのに親から過剰な期待をかけられる子どもも可哀想《かわいそう》ですし、反対に、豊かな才能があるのに、その才能を見出してくれる大人に恵まれない子どもも可哀想です。小林代表が言います。

「この問題は、一般的な習い事の世界で上手だと言われるレベルの才能なのか、それとも将来プロとしてやっていけるレベルの才能なのか、という問題でもあると思います。習い事のレベルならば、才能のあるなしにかかわらず一所懸命にやればいい。そこから得られるものはたくさんあると思います。ただ、そういうレベルでやっている子の親が、この子をプロのピアニストにしたいと言ったら、子どもを見るプロである保育士は、それは無理ですよとしっかり言ってあげられなくてはならないと思うのです」

では、明らかにほかの子とは違う、飛び抜けた才能を持った子がいるのに、親がそれに気づいていないとき、保育士はどうするべきなのでしょうか。

「典子先生は、そういう状態にいる子が一番可哀想だと言っていました。そういう子どもを発見したら、保育士がプロとして親に自信を持ってアドバイスできなくてはならないと言っていましたね。

才能の芽って、どこに転がっているかわからないものです。しかも、親にはそれが見えにくい。だから、保育士も含めたたくさんのプロの目に子どもをさらすことがとても重要だと思うのです。コピーにはお稽古事保育がたくさんあって、バレエも英語もサッカーもゴルフもやっています。スポーツの場合は、レッスンプロを先生にしています。こうして、プロの目によって才能を見極めてあげることが、才能が埋もれていく悲劇を食い止めることになると思うのです」

こうした仕組みの背後には、「飛び抜けた才能を持った子を埋もれさせたくない」という典子先生の強い願いがあったわけです。飛び抜けて勉強ができながら、家庭の事情で大学に進学できなかった典子先生だからこそ、才能が埋没してしまうことに対して敏感だったのかもしれません。

しかし、プロの目云々《うんぬん》という話は、親には関係のない、保育園と保育士の問題ではないでしょうか。

「いや、僕は子どもの才能という問題に関して、もっと保育園に相談してもらっていいんですよと言いたいのです。プロの保育士であれば、まだ始めるのは早いですよとか、音楽よりスポーツのほうがいいですよといった、適切なアドバイスができるはずなのです。逆に言えば、保育士はそこまで自信を持って言える存在でなければならないということです」

保育園の先生を、〝進路相談の相手〟としてもっともっと当てにしてもらっていい。なにしろ保育士は子育てのプロなのだから……。

それが、典子先生の本当に言いたかったことかもしれません。

筆記用具はクレヨンから、
ひらがなは年長さんから。

典子先生は英才教育を否定していませんでしたが、決して、なんでも早い時期から教えればいいという考え方の持ち主ではありませんでした。ものごとを教えるには、必ず最適のタイミングがある。それが、典子先生の考え方でした。早苗先生が言います。

「典子先生からよく言われたのは、おもちゃでも文具でも、ひとりひとりの発達段階に合わせて与えなさいということ。そして、おもちゃの箱や本の裏表紙に書いてある『三歳から』といった表示は信じてはいけないよ、ということでした。その子にとっての『いま』を見極めてあげるのが、保育のプロとしての仕事。そこを見誤らなければ、子どもは勝手に伸びていくものよって、よく言っていましたね」

その一方で、典子先生は年長さんになるまで、絶対にひらがなを書かせなかったそうです。ひらがなに関しては、年長さんからと一律に決めていました。なぜでしょうか。

「ひらがなは年長さんからといっても、それまで何も書かせないわけではなく、もちろん二、三歳児から絵を描かせていました。ただしその際には、サインペンを使わせずに必ずクレヨンを使わせていましたね。典子先生は、先端の柔らかいサインペンを使うとしっかりとした筆圧にならないからだと言っていました」

硬いクレヨンを使わせることでしっかりとした筆圧にして、絵本の読み聞かせを通して言葉や文字への興味を引き出し、お箸やハサミを持たせて指先を器用に動かせるように鍛え、体幹がしっかりして椅子に座って正しい姿勢を保てるようになった五歳、六歳になって初めて、ひらがなのお稽古を始める。これが、典子先生のやり方でした。

なぜ、典子先生はひらがなに関して、こうしたステップを踏む必要があると考えたのでしょうか。

「それまでに粘土遊びをしたり、クレヨンで絵を描いたり、ハサミで直線だけでなく曲線も切ったりして、手も指も自在に動くようになった状態で文字を書かせれば、書くのに苦労しない。苦労しないから、嫌がらずに覚えていける。子どもに、文字を覚えるのは大変だというイメージを持たせないことが大切なのよって、いつもそんな説明をしていました」

「こんなことできるの、当たり前よ」と大人が言って、当たり前のようにそれができてしまえば、子どももできるのが当たり前だと思い、絶対に苦手意識を持つことはない……。

典子先生がひらがなは年長さんからと決めて、それまでに周到な準備を積み上げるようにしていたのは、ひとえに子どもたちに「苦手意識」を持たせないためだったわけです。深謀遠慮《しんぼうえんりょ》というほかありません。

ささやき声でも保育はできるのよ。

ひとりひとりの子どもの発達段階を注意深く見守る一方で、典子先生は子どもとの接し方において、「間《ま》」を重んじる人でもありました。早苗先生が言います。

「褒めるときも、叱るときも間が大事、間合《まあい》が大事だって教えられました。こっていうときに、パッと声をかける。決して大声を出せというのではなくて、大事なのは声をかけるタイミングなんだとよく言っていましたね」

最近、子どもが間違ったことや悪いことをしたときに、論理的に、理性的に諭《さと》そうとしている親をよく見かけます。

「○○ちゃん、なぜあなたがしたことがいけないかわかる？　それはね……」

といった調子です。頭ごなしに怒鳴りつけるよりはましな気がしますが、典子先生に言わせれば、どちらもナンセンスということになります。

「典子先生は、理路整然と説明するよりも、『それは危ないからダメ』『ダメなものはダメ』と、子どもが何かをやった瞬間に言いなさいと指導していました。理由は後で説明すればわかるから、とにかくそれがいけないということがストンとその子の腹に落ちるタイミングで言いなさい、と言うのです」

言うは易《やす》く行うは難《かた》しで、実際にそのタイミングをつかむのは難しいですが、典子先生は早苗先生に落語を聴くことを勧めたそうです。

「お笑いではなくて、名人の落語を聴けと言われました。あれは保育に効くんだよ。一瞬でお客さんの心を引き付ける、名人の間を学びなさいって」

保育もずいぶん奥深い世界だと思わずにはいられませんが、典子先生はこの間さえつかめれば、
ささやき声でも保育はできる――

と言ったそうです。

子どもを大声で叱ってばかりいるお父さん、お母さん。ぐっと噛みしめたい〝保育の名人〟の言葉ではないでしょうか。

3 子どもに憧れられなかったら大人失格

かけっこでは、
絶対子どもに負けちゃダメよ。

「子ども相手なんだから、手加減してあげなさいよ」

息子を相手に卓球をやっているとき、あるいは、娘とトランプをやっているとき、ゲームが白熱してくるとついつい本気を出してしまうお父さんがいます。そんなとき、きっと多くのお母さんが冒頭のように言うことでしょう。

そして、
あなたって大人げない人ね――

と付け加えるのではないでしょうか。

たしかに、幼い子どもを相手に大人が本気を出すことは、時として危険な場合があります。たとえば柔道のように体の接触が多いスポーツで大人が本気を出せば、子どもは怪我をしてしまうかもしれません。

では、かけっこのように体の接触をともなわない運動の場合はどうでしょうか。あるいはダンスのように、速さや強さではなく美しさを競う種目の場合はどうでしょうか。

やはり、多少の手加減をして子どもに花を持たせてあげるべきでしょうか。そうやって「勝った経験」を何度も積ませることが、子どもの成功体験となって、子どもの自信や成長につながっていくのでしょうか。

典子先生は、

「かけっこでは、絶対子どもに負けちゃダメよ」

と口癖のように言っていました。そして、かけっこだけでなく体操やダンスなど、美しさを競うジャンルでも常に、「子どもより上」であることを保育士に求めていたというのです。

言ってみれば、典子先生は常に「大人げない大人であれ」と言い続けていたようなものですが、いったい典子先生の真意はどこにあったのでしょうか。小林代表が言います。

「典子先生は、大人げないどころか、かけっこのときなんて『圧倒的な力を出しなさい』『本気で走りなさい』と保育士を指導していました。いったいどういう考え方があってそういう指導をしていたかというと、大人と子どもには肉体に根本的な相違があって、大人が本気を出して走れば絶対子どもに勝てるのに、手を抜いて走るということは子どもをバカにしていることなんだという考え方でした」

なるほど。どうやら典子先生は「手加減する」ということより、むしろ「手を抜く」ことを戒《いまし》めたかったようです。

「そうですね。子どもだからこの程度でいいやとか、子どもだからどうせわからないだろうという考え方を、とても嫌がっていました。保育士という職業は、相手が幼い子どもであるだけに、手を抜こうと思えばいくらでも手を抜くことができる。典子先生はそのことを戒めていたのだと思います」

では、親はどうなのでしょうか。親も常に、子どもに対して手を抜くべきではないのでしょうか。わか子先生は、典子先生のこんな言葉を覚えていました。

「親は完璧でなくてもよいけれども、保育士は先生なのだから、完璧でなくてはいけない」

やはり、「常に手を抜くな」という言葉は、プロであり先生である保育士に向けられた言葉だったようです。

少しほっとしましたが、しかし「手を抜かない」ことは、子どもにとってもプラス面が大きいようです。わか子先生が言います。

「かけっこは、五歳ぐらいになると本当に速くなってくるので、女性の保育士だと負けそうになることがあるんです。それでも典子先生は、『絶対に負けるな』とおっしゃっていました。遊んでいるときはともかく、よーいドンで競走をするときは絶対に負けてはダメだと。もちろん、鬼ごっこなんかをやっていて、特定の子が連続して鬼になってしまっているような場合は保育士が捕まってあげなさいと言っていましたが、競走のときは男の子にだって負けてはいけないと」

こうなってくると、単に、保育士という職業が陥りがちな「子ども相手だから手を抜こうと思えば抜けてしまう」という意識を戒めるための言葉ではなさそうな気がしてきます。わか子先生が続けます。

「走るのが速い子って、同級生ではなくて、保育士を相手に『絶対に抜いてやる』っていう闘志を燃やすことが多いんです。競走の相手が先生なんですよ。ですから、保育士が相手だと、ものすごく頑張るんです」

つまり、大人が手を抜かずに真剣勝負をすると、子どもはなんとか大人に追いつこうと思って、現在の自分の力を超える力を発揮する。逆に言えば、大人が手を抜いてしまうと、子どもはいまの自分以上の力を出そうとは思わないのかもしれません。それでは、子どもが潜在的に持っている能力を引き出すことはできないでしょう。

わか子先生は、典子先生のこんな姿を記憶していました。

「運動会のリレーで、職員がひとり足りないことがあったんです。そうしたら典子先生が『じゃあ私が走るよ。若い人には負けないよ』とおっしゃって、ぴゅーっと走ったんです。そうしたら、ものすごく速かったんです。びっくりしました」

率先垂範《そっせんすいはん》ということかもしれませんが、それにしても典子先生という人は、文字通りの万能選手だったようです。

「大きくなったら先生と結婚したい」、
そう言われる存在になりなさい。

保育士さんというと、ジャージやトレーナーにエプロン姿が思い浮かびます。一日中子どもを相手にする仕事ですから、動きやすくて多少汚れてもいい服装が一番。そんなイメージがあります。

ところがコビーに行ってみると、保育士さんは男性も女性も揃いのこげ茶色のポロシャツにベージュのパンツをはいていて、相当におしゃれなのです。女性の保育士さんはしっかりメイクもしていて、髪もきれいに後ろで束ねている。一般的な保育士さんのイメージとは相当に違います。

もしかすると、ここにも典子先生の考え方が生きているのでしょうか。小林代表が言います。

「典子先生は、保育士は子どもの未来像のサンプルのひとつなんだから、ああいうふうになりたいなと憧れられる存在でなければならないと常々言っていました。かけっこで絶対に負けるなという言葉には、大人ってすごいな、大人ってかっこいいなと憧れられる存在であれ、という意味合いもあったわけです」

典子先生は、大人ってすごい、かっこいいだけでなく、特に女性の保育士に対しては「きれいだな」「ああいうふうになりたいな」と思われる存在であれ、と言っていたそうです。

「だから、メイクもしっかりするように指導していました。そして、ジャージはNGでしたね。ジャージって、結局〝自分の便利〟ですよね。自分が動きやすいとか、自分が汚しても構わないと思えるとか、要するに、自分目線なんです。典子先生はよく、子ども目線で考えたら自ずと着るべき服がわかるはずだと言っていましたが、その通りだと思います」

わか子先生は、まさに女性保育士として典子先生の指導を受けたわけですが、やはり同じようなことを言われたのでしょうか。

「子どものお手本でなければいけないということは、よく言われました。自分が教えている女の子たちが、『大きくなったら保育士さんになりたい』と言うぐらいでなければ、力不足だと思いなさいとも言われましたね。そのためには、身だしなみも重要だけれど、やるときにはやるっていう姿を見せなくてはいけない。子どもはそういう先生の言うことを聞くんだよって、よくおっしゃっていました」

つまり、子どもにとって憧れの存在であれば、子どもの躾や教育をスムーズに行えるという側面もあるということでしょうか。たしかに、まったく尊敬できないお父さんや、いつも身だしなみのだらしないお母さんの言うことに、あまり効果がなさそうだということは頷《うなず》けます。

そう考えると、子どもの前で常に美しくあること、子どもに大人の実力を見せつけることは、ひとつの戦略なのかもしれません。そうしたほうが、むしろ子育てはスムーズにいくのかもしれません。

小林代表には、こんな経験があるそうです。

「保育の仕事に就いて間もない頃、典子先生と一緒に信号待ちをしていて、車がまったく来ないので赤信号を無視して渡ろうとしたことがあったんです。そうしたら、ムチャクチャ怒られました。別に園児が見ていたわけではないし、園の近くですらなかったのですが、保育士になった以上、『絶対にそんなことはするな、常日頃から〝生きる見本〟になりなさい』と言われました」

では、典子先生は、いったいどういう保育士になれたら合格を出したのでしょうか。

「大きくなったら先生と結婚したいと言われる保育士になれと、よく言っていましたね」

家庭にトレースすれば、パパと結婚したい、ママと結婚したいと言われる存在になれ、ということでしょうか。

準備は子どもに見せないほうがいい。

典子先生は植物が大好きで、いろいろな花を園庭に咲かせていましたが、ひかり隣保館保育園の園庭に、典子先生お気に入りの八重桜の木があったそうです。典子先生はその木の枝ぶりをたいそう気に入っていましたが、あるとき、その木がすっかり枯れてしまいました。

典子先生としては、なんとかしてその木を生かしてやりたい。そこで思いついたのが、「枯れ木に花を咲かせようプロジェクト」でした。わか子先生が言います。

「結構な大きさの木で、枝もたくさんついていたのですが、典子先生が『もったいないから』と言ってその木を大きな植木鉢に入れたのです。ちゃんと土も入れて、『この木の枝に全部花を咲かせてみようか』っておっしゃって、保育士が総出でものすごい数の花とつぼみをつくって枯れ枝につけたのです」

花とつぼみといっても、ちゃちなものではありませんでした。特につぼみは立体的になるように綿で本体をつくり、それをワイヤーで枝に取りつけて、一個一個絵具で染めていきました。

しかも、プロジェクトは一回では終わりませんでした。最初につくった花とつぼみは、展示が終わると翌年も使えるように丁寧《ていねい》に箱にしまいました。そして夏になると葉っぱをたくさんつくって葉を茂らせ、秋になると紅葉した葉っぱに取り替え、冬になると元のように枝だけにして、クリスマスのオーナメントを飾りました（一一二ページの写真）。

大変な作業には違いありませんが、わか子先生は意外なことを言うのです。

「楽しくなかったらやりませんよね。ノルマとかはなかったし、お花や葉っぱをつくりながら典子先生がいろいろな話をしてくれるので、とても楽しかったんですよ」

ノルマはなかったものの、ひとつだけ絶対に守らなければならないことがあったそうです。それもまた、意外なことです。

「準備をしているところは、子どもたちに一切見せませんでした」

花やつぼみや葉っぱを取りつけている準備の様子は一切見せず、朝、子どもが登園してきたときには、前日とまったく違う姿になっている。それを見た子どもたちは……。

「喜ぶんです。みんなわーって歓声を上げますよ」

いわば、劇的な変化を見せる演出です。普通ならば、「先生たちが苦労してつくった」ことを強調するところでしょうが、典子先生はそんなことよりも、子どもをびっくりさせ、感動させたかったに違いありません。

しかし、典子先生が「準備段階を見せない」ようにした理由は、単に子どもたちを驚かせたかっただけではないようです。実は、この「枯れ木に花を咲かせようプロジェクト」だけでなく、ほかのさまざまな行事や日常の保育においても、典子先生は子どもたちに「準備」や「練習」を見せないことを徹底していたというのです。

なぜ、準備や練習を子どもに見せてはいけないのでしょうか。わか子先生が言います。

「先生たちが練習をしているところを見せてはいけないというのは、先生は常に完璧であれということですね。そして、常に子どものお手本であれということだと思います」

特に、発表会やお遊戯《ゆうぎ》のとき、典子先生は保育士が子どもたちの前で振り付けの見本集などを見ることを戒めました。見本集を見ながら指導するのではなく、振り付けを頭に入れた上で子どもに教えるべきだというのが、典子先生の考え方でした。

「典子先生は、『先生というものは、いつも自信をもっていなければいけない』とおっしゃっていました。たしかに見本集を見ながら『ちょっと待ってね』なんて言っていると、自信があるように見えません。そういうものを見ないで、『こうやって踊るんだよ』ってお手本を示せないと、典子先生のおっしゃるような、子どもに憧れられる保育士にはなれませんよね」

では、家庭ではどうなのでしょうか。いつも子どもの手本になるような姿を見せ続けるのは、少々しんどい気もします。

「裏表あっていいと思うんです。でも、やるときにはやるんだっていう姿は見せないとダメだと思うんです。勉強もそうだと思います。よく典子先生は『子どもに質問されて答えられないのは、恥ずかしいことよ』とおっしゃっていましたけれど、たしかに子どもって自信のある大人の言うことをよく聞くものなんです」

大人としての自信や見識を子どもに見せることは、おそらく躾の効果を高めるのにも役立つのでしょう。威圧的にならずに、子どもに憧れを持たれるような形で、「大人の実力」を見せられるといいですね。

異年齢の子をただごちゃまぜにしても、
子どもの成長にはつながらない。

大人に憧れを持たせることが子どもの成長につながると典子先生が考えていたことはすでにお話ししましたが、「憧れの気持ち」を持つことが育つ力につながることは、実は、多くの人が経験していることではないでしょうか。

たとえば、運動部の一年先輩に憧れて、なんとかその先輩を追い越そうと努力したことが自身の成長につながったといった経験は、多くの人が持っていると思います。

しかし、憧れの対象があまりにも遠い存在である場合は、育つ力に直結しない場合もあります。たとえば、いきなりオリンピック選手に憧れて、同じような練習のメニューをこなそうと思っても、挫折が待っているだけかもしれません。

つまり、憧れを持つことはとても大切なのですが、その対象があまりにも遠い存在だと意味がないのです。大人は子どもから憧れられる存在であるべきですが、大人は年齢も能力も、幼児とはかけ離れた存在であることは否定できません。

そこで、憧れの対象としてがぜんクローズアップされてくるのが、保育園にいる年長さんなのです。小林代表が言います。

「典子先生は、異年齢児交流をとても重要なものとして考えていました。なぜなら、目標となる憧れの存在は、できる限り自分に近いほうがいいからです。自分より一年、あるいは二年上の年長さんは、先生では遠すぎる部分を埋めてくれる、とても重要な存在なのです」

そこで典子先生は、異年齢児交流を保育園の中で積極的に採用していったわけですが、ただ単に、年齢の異なる子どもを一緒に遊ばせても育つ力にはつながらないことを見抜いていました。

「たとえば、体格がいい年長さんが腕力にものを言わせて『言うことを聞け』ってやっていたら、どうでしょうか。その子自身にも成長はありませんし、下の子たちだって、その子を恐れることはあっても憧れを持つことはありませんよね。つまり、年長児が下の子たちの面倒を見てあげて、優しいお兄さんお姉さんだと思われるシチュエーションをつくってやらなければ、いくら異年齢児交流をやっても意味がない。典子先生は、そのシチュエーションをカリキュラムの中でしっかりと準備していたのです」

第一の準備は、異年齢児のグループづくりです。コピーでは「ファミリーグループ」と呼んでいますが、年長さんはなるべくひとりにして、その下に年中さん、年少さんを配置して、五人から六人のグループをつくります。

その際、年長さんがリーダーシップを発揮しやすいように、それぞれの子どもの特性をしっかりと捉えた上で、グループ分けを考えていったそうです。年長さんといっても、下の子との年齢差は一年、二年しかありません。下の子とのうまい組み合わせを考えてあげなければ、リーダーシップの発揮は難しくなってしまいます。

こうしたグループをつくった上で、たとえば、年長さんが下の子の手を引いてあげるといった、「上の子が下の子の面倒を見る」場面のあるカリキュラムを用意してあげます。

こうして、丁寧に下地づくりをしてあげることによって、上の子には下の子を見なくてはならないというリーダーシップや責任感が芽生え、下の子にはいつも優しいお兄さん、お姉さんへの憧れが生まれ、それが端的《たんてき》に育つ力へとつながっていくわけです。小林代表が言います。

「実はリーダーって、勝手に自分がリーダーだと言っても、リーダーにはなれないんです。周りがついてこなければ、リーダーにはなれない。つまり、リーダーになるためには、フォロワーが必要なんですね。典子先生は、そういう状況が生まれるカリキュラムを異年齢児交流の中にしっかり組み込んだのです。そうしなければ異年齢児交流には意味がないと考えていたからです。

いま、異年齢児交流や縦割り保育を謳《うた》う保育園はたくさんありますが、たいていは『さあ、みんなで一緒に外で遊んでおいで』と言うだけの、単なる年齢ごちゃまぜ保育に過ぎないんです」

さらに典子先生は、横割りでやるべき保育、つまり同じ年齢でグループをつくったほうが効果の大きい保育（ハサミを使う場合など）に関しては、横割りでやるようにしていました。

つまり、典子先生は縦割りのカリキュラムと横割りのカリキュラムを組み合わせた「マトリクス保育」のカリキュラムをつくり上げていたわけで、コピーではこの「マトリクス保育」を現在も継承して、大きな成果を挙げているそうです。

こうしたカリキュラムは、もちろんプロの保育士にしかつくれませんが、では、異年齢児交流のよさを家庭で兄弟の関係に持ち込むためには、どうすればいいのでしょうか。小林代表が言います。

「兄弟がいつも同じ土俵でぶつかり合いをしないように、それぞれの特性を発揮できる環境を用意してあげることが大切だと思います。それには、子どもを信頼して、何かを任せてあげるのが効果的です。『弟の手を洗ってあげてね』というように」

しかし、多くの場合は上の子が「お兄ちゃん、お姉ちゃんなんだから」と我慢を強いられるか、あるいは下の子が、力の強い上の子の横暴に耐えるか、どちらかのパターンになりがちではないでしょうか。

「その点で、保育園の異年齢児交流には大きな利点があるのです。なぜなら、上の子は必ず卒園していくからです。だから、下の子もやがて必ずトップに立てる。この点が、兄弟とは大きく違うところでしょうね」

兄弟姉妹の上下関係は生涯変わりませんが、保育園ではトップの座が入れ替わっていきます。保育園に通わせるメリットは、こんなところにもあるのかもしれません。

「やりたいのに」っていう思いは、
すぐに叶《かな》えないほうがいい。

典子先生は高校を卒業するまでずっと、図書委員長を務めていました。「図書室の主」と呼ばれるほど図書室のさまざまなことに精通していて、担当の先生の代わりに司書のような仕事までしていたといいます。

そんな本の虫だった典子先生が常に言っていたのは、

本はおもちゃではない――

という言葉でした。

本はそれ自体で遊ぶおもちゃではなく、あくまでも中身を読むもの。園児には本を大切にしない子もいるから、しっかりとカバーをかけて貸し出さなければならないと口癖のように言っていました。

ひかり隣保館保育園では、念願だった「絵本館」をつくりました。そして、学校の図書室のように園児に対する本の貸し出しを始めました。ところが、なぜか典子先生は年長さんにしか貸し出しを許可しませんでした。もちろん、年少さんや年中さんが絵本館で本を読むのは自由でしたが、貸し出しは年長さんのみに限定していたというのです。

やはり、本を汚されたり破かれたりするのが嫌だったのでしょうか。早苗先生が言います。

「絵本館で、図書カードをつくって貸し出すということを始めたわけですが、保育園では保護者に選んでもらって保護者に貸し出すのが一般的で、園児自身に選ばせるという方式はとても画期的でした」

なぜ、年長さんにしか貸し出しをしなかったのでしょうか。

「典子先生が言っていたのは、『やりたい』という憧れの気持ちをぐーっとため込んで、ため込んで、ため込んでからやらせると、その子の才能は一気に開花するということでした。貸し出しを年長さんに限定したのは、そういう意味があったのだと思います」

たしかに図書カードを使って本を借りるという行為には、ちょっと大人っぽい雰囲気があります。その資格を得るためには、お兄さん、お姉さんにならなくてはならない……。

貸し出し年齢の限定には、年長さんへの憧れを高めると同時に、カードで本を借りること自体への憧れを高める効果もあったことでしょう。貸し出しを〝解禁〟された瞬間に、本を借りたかったという思いが迸《ほとばし》って、一気に読書欲が高まる。これは、「本を読みなさい」と言わずに本を読ませるための仕掛けだったのかもしれません。

「典子先生は、それをやりたいという子どもの気持ちをすぐに叶えてしまうのではなく、我慢させることも大切だと言っていました。それは、やりたいという気持ちを抑制するという意味ではなくて、憧れをため込ませたほうが子どもの力は伸びるという意味でした」

誰でも、おもちゃを買うのを我慢させられた記憶があると思います。「クリスマスになるまで我慢ね」などと言われて、ようやく買ってもらえたときは、本当に嬉しかったものです。

我慢は子どもを抑圧するためにさせるものではなく、憧れを引き出すもの。素晴らしい子育ての知恵ではないでしょうか。

免許を発行してあげれば、子どもは真剣に取り組む。

図書カードによる貸し出しに通じるお話ですが、典子先生はなんと園児に三輪車の運転免許を発行していたそうです。そして、やはりここでも免許が取得できる年齢を年長さんに限っていたというのです。わか子先生が言います。

「運動会のときぐらいしか使わない、後ろに荷台のついた特別な三輪車があったのですが、典子先生はこの特別な三輪車の運転ができる免許を発行することにして、その試験までやっていました。しかも、試験が受けられるのは年長さんだけと決めていたのです」

わか子先生によれば、試験は後ろの荷台に年少さんか年中さんを乗せて実施したそうです。園舎の中の全長五〇メートルほどの廊下を、壁に一度もぶつかることなく通り抜けて、ホールにたどり着くことができれば合格でした。

「廊下の幅が結構ぎりぎりの曲がり角も多いコースで、要所要所に先生が立って壁にぶつけないかどうかをチェックするのです。後ろの荷台が自由に動くようにできている三輪車だったので、特に曲がり角を上手に曲がらないとすぐに荷台がぶつかってしまうんです。園児みんなでわーって応援をしますし、合格するとみんなの前で表彰されるので、子どもたちはものすごく真剣に挑戦していました」

とてもユニークな行事だと思いますが、やはりここでも憧れを引き出すために、年少さんと年中さんは我慢をさせられていたようです。

「年長さんは全員挑戦することができましたが、年少さんと年中さんには挑戦する権利がありませんでした。だから、年長さんになったらあれができるんだって、ものすごく憧れていましたよ」

合格した年長さんは、三輪車の絵が描いてあるメダルと免許証をみんなの前で授与されて、一躍、園のヒーローになりました。失敗した子は、次回、合格するために一所懸命に練習を積んだそうです。

新しい遊具やおもちゃを購入するわけでもなく、「免許」という仕組みを導入するだけで、子どもを本気にさせてしまう。これも、典子先生の保育の知恵だと思います。家庭でも、応用できる場面がたくさんあるのではないでしょうか。

4 花を描くために花の種をまく

子どもに嘘を教えてはダメよ。

典子先生は、子どもにものを教えるのがとても上手でした。そして、典子先生が教え方の基本にしていたのが、「子どもに嘘を教えない」ということでした。早苗先生は、典子先生のこんな言葉を覚えています。

「子どもに夢を与えるのはいいことだけれど、子どもの何気ない質問に対して嘘を教えてはダメよ。ごまかすのもダメ。答えるのが難しい質問をされても、嘘、ごまかしはいけないことよ」

例の、「子ども相手だからといって手を抜いてはいけない」という言葉と同じで、これは保育のプロである保育士への戒めの言葉かもしれません。

たとえば子どもに、「どうして夕焼けは赤いの?」と聞かれたら、どう答えるでしょうか。

「お空が恥ずかしがって、顔が赤くなっちゃったのよ」

などと〝夢っぽい〟返事をすることもできます。

「光には波長というものがあって、赤い光は波長が長いから……」

というように、科学的な説明をすることもできます。

一概にどちらが正解だと言うことはできませんが、説明が大変で、しかも正確に答えるために努力を必要とするのは、明らかに「光の波長」のほうでしょう。典子先生は、「子どもに嘘を教えてはいけない」という言葉を通して、「正しく答えるための努力を惜しむな」と言いたかったのかもしれません。早苗先生が言います。

「春分の日とか秋分の日がありますよね。子どもから、『春分の日ってなあに』って質問されたらどう答えますか？　昼と夜の時間が同じで……ぐらいは言えるかもしれませんが、典子先生の答え方はまったく違っていました。まずは地球儀を持ってくるのです。そして、地球って丸いんだよという話から始まって、どうして地球儀は少し傾いているのか、太陽はどこにあるのか、地球が太陽の周りを回っているということなどを、わかりやすく説明していくのです」

しかも、こうした説明を年少さん相手にもやっていたというのですから、驚きです。

「年少さんが春分の日や秋分の日の説明を理解できるかどうかはわかりませんが、それでも典子先生は、嘘を教えてはいけないと言うのです。その信念を象徴しているのが、『右手は右手、左手は左手』という言葉でした。手は足ではない。右手は左手ではない。左手は右手ではない。だから、右手は右手、左手は左手なんだと。

大人が冗談で、手のことを足だよと教えると、一発で子どもに刷り込まれてしまうことがあって、その刷り込みを後から書き換えることはとても難しい。だから、最初から正しいことをきちんと教えなさいということなんですね」

最初から正しいことを教えてしまうのが、結局のところ、早道だということでしょう。幼いときから本物に触れさせるべきだという言葉と、共通する考え方かもしれません。

典子先生からこうした教育を受けてきた小林代表は、自分の子どもにも同じ考え方で接しているようです。「どうして月は満ち欠けするの？」と、息子さんから質問を受けた小林代表の対応は、とてもユニークです。

「息子が小学校低学年の頃だったと思いますが、まずは、月の満ち欠けを理解するための模型をつくりました。子どもと一緒に材料を買いにいって、子どもが被《かぶ》り物をして太陽の役になって、天井からぶら下げた月を懐中電灯で照らして、それを地球から見たらどう見えるかなんてことをやりましたね。

その後、じゃあ実際に観測してみるかということで、ひと晩徹夜して月をずっと見続けました。土手にござを敷いて寝転がって……。子どもはいつも早く寝なさいと言われているので、『今日は絶対に寝ちゃダメだ。徹夜するぞ』って言ったら、むしろ喜んでいましたよ」

子どもとふたりでそんな体験をするのは、なかなかロマンティックなことでもありますが、はたして子どもがうまく乗ってくれるかどうか……。

「典子先生は、嘘を教えてはいけないと言っていましたが、同時に、子どもと一緒になって楽しめということもよく言っていました。典子先生と植物採集なんかにいくと、先生のほうが夢中になって電話帳に挟み込んでいたぐらいです。子どもに本当のことを教えるのも大切ですが、親も面白がって楽しんでいるということがより大切なのではないでしょうか」

実は、典子先生は行事の内容を考えるときも、自分がやって面白いかどうかを基本にしていたそうです。

子どもと一緒になって楽しむ——

これが、子育ての一番の秘訣《ひけつ》なのかもしれません。

ちぎり絵をやるなら、
花の種からまきなさい。

典子先生は、実体験にもとづいた教育をとても大切にしていました。机の上だけで知識を教えるのではなく、常に、子どもたちが五感をフルに働かせる教え方を心がけていたのです。小林代表が言います。

「保育園で子どもたちに何かを制作させる時間って、よくありますよね。典子先生は、一歳とか二歳の小さい子に、よくちぎり絵をやらせていました。色折り紙を細かくちぎって糊をつけ、台紙にペタペタと貼って絵にしていくわけですが、そういうとき、必ず本物の花を見せていました。しかも、その花を半年も前から園児に育てさせる。

花屋さんで切り花を買ってきて題材にするのではなくて、ちゃんと種まきからやって、花を咲かせて、それを見せながらちぎり絵をさせるのです。そのためには、ちぎり絵の準備を半年も一年も前から始めることになるわけですが、そういうことまで計算に入れた保育カリキュラムをつくっていましたね」

小林代表がよく覚えているのは、トレニアの花です。

トレニアは一一月、一二月の寒い時期に種を稔《みの》らせます。典子先生はその種を園児と一緒に集めて、翌年の四月から五月に種まきをし、六月から一〇月にかけての開花期にちぎり絵の題材にして、一一月、一二月になると再び種をとるというサイクルを繰り返していたそうです。

「ちぎり絵をやらせるなら、種をまきなさいと。そういうところから始まるわけです」

ちぎり絵が美術の学習だとすれば、種まきは農業の実体験かもしれません。そして、自分で植えた種の生長を見守ることは、理科の勉強といってもいいでしょう。

このように、典子先生の教育はさまざまなことをバラバラに教えるのではなく、すべてを関連づけて教えるところに特徴がありました。早苗先生も、そんな典子先生の教え方をよく記憶しています。

「報恩寺の裏に浅間山という小さな山があるのですが、その山のある部分を削ると、粘土の層が出てくるんです。典子先生はそこに子どもたちを連れていって粘土を自分でとらせて、粘土の団子をつくったりさせていたのですが、青い粘土と黄色っぽい粘土では、まったく粘り気が違うのです。そういうことを子どもたちが発見すると、ものすごく褒めていました」

粘土を掘ることで子どもたちは地層に直に触れ、粘土でお団子をつくることで、粘土にもさまざまな性質があることを知り、もちろん造形する喜びも知る。ここでもやはり、理科と美術を融合させた教育が行われていました。

「子どもたちはなんの気なしに粘土を掘っているわけですが、私がふと気づいてみると、前の年も同じ時期に子どもたちに粘土を掘らせているんです。きっと、最適なタイミングを見計らって保育カリキュラムの中に組み込んでいたんでしょうね」

個々のカリキュラムをほかのカリキュラムと関連づけて、自由自在に展開していく。これが典子先生の教え方の真骨頂でした。いまで言う「総合学習の時間」

に近いかもしれませんが、そんな言葉の生まれるはるか前から実践していた典子先生は、とても柔軟な頭脳の持ち主だったようです。

これは大事にする草、
これは抜いていい草よ。

典子先生の〝総合学習〟が、なんと草取りにまで及んでいたと証言するのは、わか子先生です。

「典子先生は、園庭の草取りも園児と一緒にやっていました。一〇本抜いてきて、二〇本抜いてきてなんて言いながらやるのですが、ただ抜かせるのではなくて、夏場は草が伸びるのが速いから、このくらいの頻度でやらなくてはいけないとか、季節ごとに生える草の違いとか、実生《みしょう》の花の苗と雑草の違いなども、『これは大事にしなければならない草で、こっちは抜いてもいい草よ』なんて言いながら、さりげなく教えていました。そうすると、年長の子たちはごく自然に、この草は踏まないようにしようなんて言い始めるのです」

わか子先生によると典子先生は、

いつも何かつくっている人――

だったそうです。

典子先生にとっては、園庭にあるものすべてが教材でした。園庭の梅の木に実がなれば、それをとってきて梅干しをつくります。八重桜の花は塩づけにして桜茶を淹《い》れたり、桃の節句のときにはその塩づけで桜色のおこわをつくりました。

そうした作業をすべて園児に手伝わせただけでなく、若い保育士にも教えていたそうです。

「梅を干してひっくり返したりするのを、園児にやらせていましたね。そういう工程をぜんぶ見せるんです。そうやって、園全体でいつも何かをつくっている感じでした。保育士とお昼ご飯を食べている最中に、『午後はあれつくろうか』なんて典子先生が言い出すので、今度は何が始まるんだろうって、保育士も園児もいつもワクワクしていました」

わか子先生は、こうした典子先生の保育を、「広く、深く、濃い保育だった」と回想します。なかなか普通の人間では真似のできないことかもしれませんが、特別に、お金がかかるわけでもなく、特殊な技能が必要なわけでもありません。

「当時の保育時間は、いまと比べると短かったのですが、典子先生がいらっしゃった時代はもっとたくさんのことをやっていた印象がありますし、同じことを毎日やらせるということもありませんでした。だからといって、決してせかせかはしていないんですよ」

ひとつのテーマを深く掘り下げ、そのテーマを別のテーマと結びつける。しかも新しいテーマをつぎつぎと打ち出して、子どもたちを飽きさせることがない。

伝説の保育士は限られた時間の中で、いったいどうやって「広く、深く、濃い」保育を実現していたのでしょうか。

「そういえば、いつも、いい加減はダメだけどいい加減にやればいいのよっておっしゃっていました」

典子先生は精巧な窓装飾をつくるときも、園児が発表会で着る服を手縫いするときも、ほとんど採寸をしませんでした。まさに「いい加減」にやっていたというのです。

「実は、いい加減って真似するのが難しいんですよね。だから、すごいなと思ったことは見よう見真似でやるしかないと思うのです」

考えてみれば、典子先生が大切にしていた「憧れさせる保育」の核心にあるのも、「見よう見真似」です。素晴らしいと思う人に憧れて、その人の真似をする。それが学ぶということだと、典子先生は身をもって教えていたのではないでしょうか。

5 さようなら典子先生

ここまで、典子先生の保育、子育てに対する考え方や子どもとの向き合い方を見てきました。

子どもというものを知り抜いていた典子先生は、一人前扱いすること、小さい頃から本物に触れさせること、目上に憧れを持たせること、そしてひとつのテーマや体験をほかのテーマや体験に結びつけていくことによって、広く、深く、濃い保育を実現していました。

典子先生の常識とは異なる、というよりもむしろ常識とは正反対の〝逆張り〟の保育観、子育て観は、いったいどのようにして生まれたのでしょうか。

この最終章では、小林代表、早苗先生、わか子先生に加えて、典子先生の最も古い同僚であり、そして一番の親友でもあった荒木富美子先生（以下、富美子先生）のお話も交えながら、「伝説の保育士・小林典子先生」の生涯を追ってみることにしたいと思います。

大師山報恩寺

典子先生は一九三五（昭和一〇）年、千葉県野田市にある大師山報恩寺《だいしやまほうおんじ》という真言宗豊山《ぶざん》派のお寺で生まれました。

報恩寺は一三九五（応永二）年に開創された、野田市きっての古刹《こさつ》です。江戸川の土手のすぐ近くに位置し、境内《けいだい》には浅間山という小高い山があって大きな木が何本も生い茂り、緑豊かな環境を誇っています。

野田市といえばお醤油の産地として有名です。実際、報恩寺の境内に立ってみると、風の中にかすかにお醤油の香ばしい匂いが漂っているのに気づきます。報恩寺から、最寄り駅の東武野田線・野田市駅の方向に歩いていくと、やがてキッコーマンの大きな醤油タンクが正面に見えてきます。野田が醤油の町であることを実感できる風景です。

典子先生はこの報恩寺の住職、古谷光隆大僧正の次女として生まれました。大僧正とはいったいどんな位なのか、手元の新明解国語辞典（三省堂）を引いてみると、次のような語釈が出てきます。

だいそうじょう【大僧正】
僧官の最高の位。僧正の上。

僧官とは朝廷から贈られた僧の官名ですから、その最高位ということは、いわば朝廷から「あなたはお坊さんのトップです」と認められた人物、ということになるでしょうか。現在では、各宗派の僧侶の最高位という意味で用いられています。

この、典子先生の父親であり、小林代表と早苗先生の祖父である古谷光隆大僧正は、なかなか厳しい人だったようです。そして、典子先生の〝本物志向〟の原点はどうやらこの大僧正にあったようです。早苗先生が言います。

「お祖父《じい》さんという人は、『わかってもわからなくてもいいから、子どもの頃から本物を教えなさい』という考え方の人でした。昔は寺子屋なんかで子どもに『論語』を暗記させたりしたわけですが、最初はまったくわからなくても成長するにしたがって理解がより深まっていくものだから、最初はわからなくてもいいんだとよく言っていました。

母（典子先生）も小学生の頃から著名な日本画家に日本画を習っていて、一時期は自分も画家になろうかと考えるほどだったそうですが、若い頃に日本画で習った技法が保育園での制作に生かされていることは間違いありません。母が『本物を子どもに提供するのが保育士の仕事だ』と考えるようになったのは、祖父の影響が大きいと思います」

大僧正は、味にもとてもうるさい人だったようです。精進《しょうじん》料理で育ってきた人だけに、特にお出汁の味にはうるさかったとか。

「決して贅沢なものを出せと言っていたわけではないのですが、祖父がＯＫを出す料理をつくることは、家族にとって、とてもハードルの高いことだったと思います」

そのハードルを越えてきたからこそ、典子先生は素材の味をうまく引き出した、お出汁の効いた料理をつくるのが得意だったそうです。

コピーではいま、一流ホテルを引退したグランシェフを調理室に迎えて、本物の味を園児に経験させています。また調理室をガラス張りにし、しかも園児の目の高さで調理の様子が見えるように、わざわざ調理室の床を低くしてありますが、こうした「食育」への取り組みの原点には、どうやら味にうるさかった大僧正の存在があったようです。

長谷寺

典子先生は昭和一〇年生まれですから、小学校低学年のときに第二次大戦を経験していることになります。戦争が始まる前の報恩寺には二〇人近くも若いお弟子さんがいたそうですが、戦争が始まるとみな徴兵されて戦争に行ってしまったので、典子先生は境内の掃除から、炊事、洗濯まで、小さいながらさまざまな仕事をこなしてお寺を支えたそうです。

わか子先生は、典子先生が「すいとん」をつくるのがとても上手だったことを覚えています。おそらく食糧の乏しかった戦時中、あるいは終戦直後の時代に、すいとんをよくつくっていたから、上手だったのではないでしょうか。

「防災の日にちなんで、かまどでお湯をわかしてすいとんをつくったことがあるんです。典子先生は『昔はこうやってかまどを使って、炊き出しみたいにして料理をつくっていたのよ』なんて言いながら、薪《まき》の燃やし方からすいとんの水加減までいろいろなことを教えてくれました。私がやると硬くなってしまうのに、典子先生のすいとんは絶対に硬くならないのが不思議でした」

すいとんづくりといっても、保育士と園児全員の分となると大変な量です。典子先生は、大なべ一杯の分のすいとんを目分量でつくってしまったそうですから、やはり子どもの頃から慣れ親しんだことだったのでしょう。

終戦後間もない一九四八年、中学一年生のとき、典子先生の人生に大きな影響を与える出来事がありました。

大僧正が奈良の長谷寺の執事を務めることになり、その付き添いで二カ月余りを長谷寺で過ごすことになったのです。

長谷寺は別名で「牡丹寺《ぼたんでら》」と名がつき、「花の御寺」とも呼ばれるほど一年中さまざまな花が咲き誇るお寺です。典子先生は庭に咲く牡丹の花をひたすら日本画に描き、復員してきた若いお弟子さんやお坊さんたちから、いろいろな勉強の手ほどきを受けました。

長谷寺での二カ月間は、典子先生の幅広い教養や芸術的なセンスが磨かれた、刺激的な日々だったようです。

大師山保育園

一九四七年に児童福祉法が施行されたことを受け、野田町（当時）の依頼によって大師山報恩寺の境内に認可保育園がつくられることになりました。

園長は典子先生の兄の古谷光堂さん、義理の姉の秀子さんが主任を務めることになりました。典子先生はまだ一二歳、小学六年生でした。

中学は野田町立野田中学校（現在の野田市立第一中学校）に通い、高校は千葉県立野田高等学校（当時）に進学しました。野田高校は一九二五（大正一四）年に設立された伝統ある高校で、入学した年の典子先生の成績は学年でトップでした。

ちょうどこの頃、後に親友になる富美子先生が保育士として大師山保育園にやってくることになりました。富美子先生が言います。

「典子先生は私のふたつ下だから、私が大師山保育園に入った頃はまだ高校生でした。典子先生は園長先生の妹さんだったんです。私の通勤する道と典子先生の通学する道が同じだったわけだから、道の途中で顔を合わせたりするうちに、だんだん仲良くなったんです。

昔は乳児を預からなかったから、三歳児から五歳児までで、星組、月組、雪組、花組と四クラスあって、一〇〇名近い園児がいました。当時の園舎は草葺《くさぶき》屋根でね、朝行くと木の雨戸がしめてあるんで、私たち保母が当番制であけたものです。周囲はまだ、蛇がたくさん出るような山でしたよ」

野田高校入学時はトップの成績だった典子先生ですが、戦後間もない一九四六年に新円への切り替えがあった際、預金をしていた金融機関が破綻してしまった影響で、実家には典子先生の学資を捻出する余力がなくなってしまいました。

上の兄と姉は大学に進学していたので典子先生も当然大学へ進学するものと考えていましたが、進学を断念せざるを得ず、失意の典子先生は成績を落としてしまいました。それでも、卒業時の成績は学年で三番だったといいますから、もともとが飛び抜けた一番だったということでしょう。

一九五四年に野田高校を卒業した典子先生は、大師山保育園で保育の仕事につくことになります。

この時代にはまだ保育士を養成する学校が少なかったために、実地に保育の仕事を覚えた後で資格試験を受けるのが一般的でした。典子先生は大師山保育園で保育の仕事を始めた翌年の五五年に、保母の資格をとっています。そして、五八年に結婚するまで、大師山保育園で仕事を続けます。富美子先生が言います。

「典子先生が高校を卒業して入ってこられて、もう家族ぐるみで保育をするような雰囲気ができあがりました。典子先生はなんでも器用にやる人だったから、発表会のときなんかはいろいろなことを想像しては、背景の絵を自分で描いたり、面白いアイデアを出したりしていましたね」

当時の発表会でしょうか、子どもが小鳥の形をした帽子を被っている写真が残っています。普通、発表会で頭に被るものといえば、紙でつくったお面に紙とゴム輪でバンドをつけた簡単なものが思い浮かびますが、写真の小鳥の帽子を見るとなんと立体的にできているのです。

「そう、立体なんですよ。子どもの頭のサイズをひとりひとり測って、立体的な帽子をつくったんです。典子先生は本当にいいアイデアを出す人でしたね」

家族ぐるみで保育する雰囲気とは、いったいどんな雰囲気だったのでしょうか。

「なにしろお部屋が大きな客殿のひと間しかなかったから、朝のお集まりのときはお手てをつないだ輪っかを二重につくって全員で座ってね、今日はこんなことしましょうねってお約束をして、それで一日が始まるんです。

お帰りのときはよく、みんなでテーブルを囲んでお茶を飲みながら話をしたものです。帰りが遅いお母さんがいると、昔は電話も何もなかったから、お母さんが帰ってくるまで園児と一緒にテーブルを囲んで、いろんな話をしながら待つんです。そうやって園児も保母も毎日のようによく話をしていたから、行事でもなんでもうまくいったんでしょうね」

逆単身赴任

一九五八年、典子先生は箱根の開発で有名な藤田観光に勤める小林昭治さんというサラリーマンと結婚しました。早苗先生が言います。

「典子先生はまだ結婚したくなかったらしいのですが、昔はお見合いしたら即結婚というのが普通だったようですね。結婚してしばらくは、青戸（東京都葛飾区）の公団住宅に入っていたそうです。そこで私が生まれて、その後、父が箱根に転勤になったので一家で神奈川県の平塚市に引っ越したのですが、大師山保育園が人手不足になってしまったので、典子先生が〝逆単身赴任〟する形で大師山に通うことになったんです」

典子先生の逆単身赴任は、相当にハードなものでした。

まずは月曜日。幼い早苗先生を連れて平塚から湘南電車（東海道線）に乗り込んで東京駅に着きます。ちょうど東京駅から野田までバスが出ていたので、バスに乗って大師山へ。月曜日から土曜日までは、実家に泊まり込んで保育の仕事です。

土曜日は半ドン（正午で仕事が終わる）だったので、夫の昭治さんが箱根から野田まで車を飛ばして駆けつけて、家族揃って夕食を食べてから平塚の家へ帰りました。

典子先生はこんな形で大師山での保育の仕事を再開したわけですが、本格的に仕事をするためにはやはり大師山の近くに住むべきだと考えるようになりました。しかし、あちらこちらの物件を当たってはみたものの、なかなか条件的に合うものがありませんでした。早苗先生が言います。

「そういう窮状を見ていた祖父が、典子先生を大学に行かせてやれなかったという思いもあったのでしょう、いま『コピープリスクールのだ』になっている土地に家を建てなさいと言ってくれたそうです。もともとは大師山と地続きで、祖父の土地だったんですね」

一九六七年六月、一家は大師山の近くに新築した家に引っ越しました。典子先生が本腰を据えて保育士としての活動を始めるのは、このときからといっていいでしょう。

子育てをしながら千葉県保育協議会東葛支会保母部会の会長を務め、保母の研究会などがあると造形の研究などを積極的に発表していきました。

大師山保育園の閉園

一九六九年、典子先生は、現在コピーの代表を務めている小林照男さんを出産しました。早苗先生の出産のときも、胎盤剥離《たいばんはくり》で大出血を起こす大変な難産でしたが、今回も切迫流産で緊急入院をするなど、厳しい状況下での出産でした。この出産のときの逸話《いつわ》があります。それは典子先生の保育にかける情熱を伝えて余りあるお話です。早苗先生が言います。

「切迫流産で入院が決まった日が、ちょうど大師山保育園の運動会の前日の土曜日（一〇月五日）だったのです。典子先生が体調がおかしいのに気づいて担当の医師に電話をかけると、『いますぐ入院したほうがいい』と言われたそうなのですが、問題はその後ですよ。電話を切った後、典子先生が何をしたと思いますか？」

何か、運動会関係の仕事をしたのでしょうか。

「オープンリールのテープレコーダーを持ち出してきたんですよ。典子先生はピアノが上手だったのでいつも生で伴奏をつけていたのですが、入院したらしばらくは出てこられないからって、運動会で歌う歌、朝の歌、帰りの歌、おやつの歌、お昼の歌の伴奏などを、すべてピアノで弾いてテープレコーダーに録音してから入院したんです。私はまだ年中でしたけれど、子ども心にお医者さんに行かなくてはならないのに、この人いったい何をやっているんだろうって思いましたね」

一二月に入って容体が安定すると、早速、保育園に出勤して、大きくなってきたお腹を抱えて発表会の準備に奔走しました。

小林代表が無事に誕生したのは五月二日でした。産後三週間目になると若い保育士たちが毎日のように典子先生の枕元にやってきては、保育上のいろいろな問題について質問をしてきます。典子先生は、「これでは保育園にいるのと同じだから」と、六週目には職場復帰をしてしまいました。六週目といえば、産後わずか一カ月半です。それだけ早く復帰したのは、やはり保育の仕事が好きでたまらなかったからでしょう。早苗先生が言います。

「本人はこういうことを、少しも大変だと思っていないんです。たぶん育った環境がお寺だったからだと思いますが、困っている人に手を差し伸べるのは当たり前のことだという意識の持ち主だったので、若い先生方の相談に乗るのも、親御さんの話し相手になるのも、当たり前のこととしてやっていましたね」

文字通り体を張って続けていた保育の仕事ですが、なんと一九八二年に大師山保育園が閉園することになってしまいます。大師山保育園は野田町からの依頼でスタートした私立の保育園でしたが、周囲に公立の保育園が十分に増えてきたため、その使命を終えたというのが閉園の大きな理由でした。富美子先生が言います。

「いろいろなことがあって、典子先生はずいぶんへこんでいましたね。もう、第二のお母さんぐらいの気持ちで保育をしていましたからね」

早苗先生も、典子先生の落ち込んだ姿をよく記憶しています。

「閉園を決めてしまったので、子どもたちが公立の保育園に移っていってしまうでしょう。この子たちの行く末はどうなるんだろうって、心配して心配して……。でも、子どもたちの前では絶対に泣かないんだって言っていましたね」

ところが、大師山保育園の閉園後、意外な事態が起こってくるのです。

のりこの保育室

大師山保育園は一九八二年三月に閉園しました。引き続き保育が必要な子どもの多くは、近隣の公立保育園に移っていきました。ところが、子どもを公立保育園に転園させた親の多くから、「やっぱり典子先生に子どもを見てもらいたい」

という声が殺到したのです。

それはもちろん、典子先生にとって嬉しいことに違いありませんでしたが、いかんせん、保育をする場所がありません。どうしようかと典子先生が悩んでいるところへ、夫の昭治さんがひとことこう言ったそうです。

「うちを改装して、保育室をつくればいいじゃないか」

このひとことに背中を押されて、典子先生は再び保育を始めることになりました。名付けて「のりこの保育室」。大師山保育園の閉園から、わずか半年後のことでした。

「のりこの保育室」は無認可だったので、比較的自由な保育をすることができました。父母の多くから小学生の勉強も見てほしいという要望があったために、典子先生は大師山保育園の卒園生の勉強まで見ることになりました。早苗先生が言います。

「典子先生は、『のりこの保育室』をあえて認可保育園にしないで、無認可のまま縛られない自由な保育をやりたいとよく言っていました。『なぜなら、保育制度が私の考えに追いついてこないから』って。なにしろ、縦割り保育なんて言葉すらない時代から異年齢児交流をやっていたわけだし、保育には男性が絶対に必要だから保母という呼び方はやめるべきだなんて、ずっと昔から言っていた人なんですよ」

「のりこの保育室」は三〇名程度の小さな園でしたが、典子先生は初めて自分の園を運営するという経験をここで積むことになりました。富美子先生も助っ人《と》として、「のりこの保育室」を手伝うことになりました。

「大師山保育園に比べれば規模はずっと小さかったけれど、発表会も運動会も大師山のときとまったく遜色《そんしょく》なく、手を抜かずにやっていました。それはそれはすごいものでしたよ。私も一所懸命にお手伝いしました」

「のりこの保育室」は、一時期早苗先生が引き継ぎ、その後、同じ場所で小林代表が「コビープリスクールのだ」を開園することになります。「のりこの保育室」は、典子先生の独創的な保育スタイルの原型が形づくられた場所であり、その特色は、コビープリスクールズに連綿と受け継がれているのです。

ひかり隣保館保育園

典子先生の人生に再び大きな転機が訪れたのは、一九九〇年のことでした。社会福祉法人千葉県厚生事業団が運営する柏市の認可保育園、「ひかり隣保館保育園」に主任として来てくれないかと声がかかったのです。ゆくゆくは園長をやってもらいたいという含みがありました。

しかし、当時のひかり隣保館保育園は、園児の減少や保育の質の低下など、いくつもの難しい問題を抱えていました。要するに、事業団としては典子先生に「園の立て直し」をしてほしかったわけです。早苗先生が言います。

「典子先生は、のりこの保育室を通してもっと地元の野田に貢献したいという思いを強く持っていました。でも、声をかけてくださった方が東葛支会の保母部会の前の会長さんで、とてもお世話になった方だったのです。断りに行ったはずが、断り切れずに引き受けて帰ってきてしまったんです」

困っている人には手を差し伸べずにはおれない。いかにも典子先生らしいエピソードです。

こうして典子先生は、のりこの保育室を早苗先生に託して、ひかり隣保館保育園という新しい場所で理想の保育を追究していくことになります。

保育の集大成

典子先生は五四歳のときにひかり隣保館保育園へ移った二年後に園長になり、

六四歳という若さで亡くなるまで園長として仕事を続けました。

ひかり隣保館保育園時代は、典子先生の保育の集大成の時代でした。その象徴が、「保育表現発表会」です。これは、歌と合奏とお遊戯と劇を融合させた「遊戯劇」、いわばミュージカルのようなものの上演を中心にした一大行事でしたが、典子先生自身がひとりひとりの園児に合わせて脚本を書き、保育士が舞台装置から子どもたちが着る衣装まですべて手づくりするという、大変に手間と時間をかけた大イベントでした。そのレベルは、一般的な保育園の発表会をはるかに凌《しの》ぐ、非常に完成度の高いものでした。早苗先生が言います。

「ひかり隣保館保育園はスタッフが育つまでは大変でしたが、その後は、園児の人数も回復してきて、とてもいい状態になったと思います。大師山の時代には大師山の集大成があり、のりこの保育室にはのりこの保育室の集大成があったわけですが、そのすべてを客観的に見てきた私の夫に言わせると、典子先生が亡くなる前年の保育表現発表会の完成度はかつてないものだったそうです。毎年、毎年すごかったけれど、やっぱり最後の発表会が典子先生の華ではなかったかと夫は言っていました」

富美子先生は、日常の保育も最良の形で行われていたのではないかと言います。

「クラスごとの保育じゃなくて、もう、園全体で保育をしていましたよ。あら、あの子どこのクラスだったかしらって、先生にもわからないくらい。大家族みたいな雰囲気でしたね」

富美子先生の言う大家族とは、単に異年齢の子を一緒に保育している状態ではなく、いわゆる縦割り保育がさらに有機的に結び合っているイメージでしょうか。

一九九〇年の改定以前の厚生省（当時）による保育所保育指針は、保育はあくまでも年齢別に行わなければならず、縦割り保育は認めないというものでしたが、典子先生は、すでにのりこの保育室をスタートさせる時点で、年齢別ではなく縦割りもやりたいという希望を持っていたそうです。

のりこの保育室で少しずつ芽生えてきた典子先生独自の保育スタイルは、ひかり隣保館保育園で園長というポジションを得たことによって、一気に開花したといえます。年齢別保育と縦割り保育のいいところを組み合わせた、典子先生独自の「マトリクス保育」がひかり隣保館保育園での実践を通して完成され、それが現在のコピーの「ファミリーグループ」に受け継がれています。

一九九〇年の保育所保育指針の改定で厚生省が異年齢保育を認める方針を打ち出したとき、典子先生は早苗先生に向かって、こう言ったそうです。

「厚生省が、やっと私の考えに追いついた」

アメリカ

少し時間が前後しますが、典子先生がひかり隣保館保育園に招かれた後、早苗先生がのりこの保育室を引き継ぎましたが、翌年には早苗先生もひかり隣保館保育園を手伝うことになり、のりこの保育室は閉園することになります。

ところが、典子先生の長男である小林代表がアメリカの大学を卒業して帰国すると、保育市場に大きな可能性を見出すようになります。そして、まさにのりこの保育室の後を継ぐようにして、同じ場所で「コビープリスクールのだ」を開園するのです。一九九八年のことでした。

典子先生が、アメリカのケンタッキー州にある「ブエナ・ビスタ・アーリーラーニングセンター」とひかり隣保館保育園の間に姉妹園提携を結び、小林代表の設立したコビープリスクールのだと合同で、ブエナ・ビスタ・アーリーラーニングセンターとの交流プログラム「フォール　キャンプ98」に保育士と園児を参加させたことはすでにお話ししました。ここで少し詳しく、その経緯を記しておきたいと思います。

まず、この話が持ち上がった原点には、典子先生が積極的にホームステイを受け入れていたという事実があります。

一九八三年、典子先生はアメリカ・ケンタッキー州のビビンさん一家のホームステイを受け入れましたが、後に、この一家の長女であるエミーさんが保育園を開設することになります。それが、ブエナ・ビスタ・アーリーラーニングセンターだったのです。こうした縁があったからこそ、「フォール キャンプ98」が実現することになったわけです。

「フォール キャンプ」はその後も、一九九九年にオレゴン州で、二〇〇〇年にはハワイ州で開催されましたが、実は、ブエナ・ビスタ・アーリーラーニングセンターと姉妹園提携を結んだ当時、コビープリスクールのだは無認可園でした。無認可園は自由な保育ができるため、海外の保育園との姉妹園提携に関して、手続き上の困難は特にありませんでした。しかし、ひかり隣保館保育園は認可園です。認可園が海外の保育園と提携するなど前代未聞のことです。それを実現にこぎつけたのは、典子先生の「保育園から国際化しなくては」という強い思いでした。

「フォール キャンプ98」のパンフレットに、典子先生の国際化に対する考え方がよくまとまった文章があるので、引用してみましょう。

「幼児期に日本以外の文化に触れることにより、いろいろな言語への興味はもとより、将来国際人として世界中の人々と交流する際に必要な、お互いの文化的なバックグラウンドの違いを知る下地を創れるように、アメリカの同年代の幼児との交流を通して異文化との交流を実際に体験する保育を行いたいと思います」

第一回目のブエナ・ビスタ・アーリーラーニングセンターとの交流には、七泊八日で四人の園児が参加しています。引率した小林代表によれば、一週間の海外体験で子どもたちは大きな変化を見せたそうです。

「成田を飛び立つとき、女の子はキャーキャーはしゃいでいて、男の子は泣いてばかりいましたが、帰ってきた瞬間に、今度は男の子が猛烈な勢いで親御さんに現地報告を始めるのです。もう、往きとは目付きが全然違う。海外をこの目で見てきたという自信に溢れているんです」

子どもたちにとってこうした素晴らしい体験ができたのも、典子先生のバイタリティーがあったからこそでした。

アベマリア

一九九八年、小林代表がのりこの保育室の跡地に、コビープリスクールズの第一号となるコビープリスクールのだを開園したその記念すべき年に、典子先生のがんが見つかります。

すぐさま切除手術を受けると典子先生はアメリカに渡って、ブエナ・ビスタ・アーリーラーニングセンターとの姉妹園提携の交渉に当たりました。そして、同年のハロウィンの頃（一〇月末から一一月はじめ）に「フォール キャンプ98」を実現させるわけですが、翌九九年、がんが再発してしまうのです。

典子先生の責任感の強さを物語る、こんな出来事がありました。典子先生が再発を告知されたまさにその日、ひかり隣保館保育園の園児の父親が子どもを迎えにこないという事態が発生しました。

主任保育士を務めていた早苗先生が遠方の祖父母に連絡を取り、小林代表も駆けつけて園児を朝まで早苗先生の自宅で預かることにしましたが、典子先生は診察で病院に行っていたため、この事態への対応ができませんでした。典子先生は自身のがんの再発よりも、このことを後々までくやんでいたというのです。

九九年一一月、保育士人生の集大成ともいうべき、極めて完成度の高い「保育表現発表会」を成功させました。そしてその年の一二月、ひかり隣保館保育園とコビープリスクールのだ合同のクリスマス会で、典子先生は意外な行動に出ました。父母と園児の前で、グノーのアベマリアを独唱したのです。わか子先生が言います。

「いつものクリスマス会のときはピアノを演奏するだけなのですが、このときはどうしても歌うとおっしゃって……。もう、かなり痩せてしまっていたんですが、とてもご病気とは思えない素晴らしい声量でアベマリアを歌われたんです。私がピアノで伴奏をつけましたが、歌声から典子先生の『なんとしても生きたい』という強い思いが伝わってきたのを覚えています」

大晦日に入院先の病院から自宅へ戻ったものの、元日には意識が朦朧《もうろう》としてきたため再び病院へ戻り、翌二日の朝に帰らぬ人となりました。早苗先生によれば、元日の朦朧とした状態のときにも、意識が戻ると保育のことばかり話していたそうです。

「私と一緒に、『子育て支援センターひかり』をつくっている最中だったので、センターをああしたいこうしたいと、さすがに理路整然というわけにはいきませんでしたが、荒い息をしながらずっと話していました。典子先生は最期の最期まで保育士でした」

富美子先生の〝典子先生観〟はどうでしょうか。

「怯えない人っていうのかしら、度胸が据わっていましたよね。私なら怖くてできないようなことを、子どもさんにどんどんやらせていましたもの」

小林代表は、こう言います。

「僕だけがドクターから余命宣告を受けていて、典子先生には告知していなかったので、亡くなる前にいろいろなことを聞いておきたいと思って焦りました。特に行事を考案するとき、子どもの発達の度合いとか、社会性の有無とか、行事の安全性とか、そういうものをすべて勘案してつくらなくてはいけないのかなと思って、そう尋ねてみたのですが、『あんたバカじゃないの。考えすぎよ』って言われました。じゃあどうやってつくればいいのかと聞いてみると、『自分が楽しい面白いと思うことがあって、子どもにも同じ体験をさせてあげたいと思ったら、それを行事にすればいいのよ』という答えでした。だから、『子どもと一緒に楽しみなさい』と」

保育士としてだけでなく、嫁としても典子先生と間近に接してきたわか子先生は、典子先生の思い出をひとことで、こう表現してくれました。

「典子先生は、いつも歌を歌っている人でした」

享年六四歳。典子先生はひかり隣保館保育園の現職の園長のまま、文字通り、最期の最期まで現役の保育士のまま、その生涯を閉じました。

あとがき

小学校二年生の夏休み、自由研究で昆虫採集に行くと、そばで見ていたはずの母が、いつの間にか虫取り網を持って、チョウチョを夢中になって追いかけていました。小学校三年生の夏休みに植物採集を自由研究にすると、母が庭中の草花を採集して、電話帳の間にスクラップしていました。とにかく、子どもだった自分以上に、夏休みの自由研究を楽しんでいました。

中学生の頃、部活が終わり、暗くなっている夜道を歩いていると、自宅が近づくにつれて母の歌声が聞こえてきます。しんと静まり返った住宅街に私の母の明るく元気な歌声が響いていました。思春期真っ只中の自分にとっては、恥ずかしい思い出です。朝早くから仕事をして、仕事が終わってからの炊事洗濯、にもかかわらず大きな声で明るく歌いながら、夕食の支度をするのが常でした。

がんが体中に転移し母が余命幾ばくもないと医師に宣告されたとき、生きている間に、少しでも母の知恵や経験、考え方、保育に対する哲学を知っておきたい、教えてもらいたいとの想いで病床の母に問いかけると、病室のベッドに横たわる母は、難しく考えすぎだと指摘したうえで、

「まずは自分が楽しみなさい。自分が楽しめなければ、ほかの人は楽しめない」

と言い残しました。

私の母、小林典子は、自分の一生を保育に捧げました。結婚する前から、私を生んでも子育てをしながら、六四歳で急逝するまでの生涯をかけて保育の仕事をやり抜きました。

女性が、結婚や出産、子育てや家事を両立させながら、プロフェッショナルな職業を全うする生き方を想うと、その生涯は試練と苦労の連続のように考えがち

ですが、小林典子は、保育の仕事も、出産も、子育ても、その全てを楽しみ抜きました。

楽しみ抜いたからこそ、その生涯のなかで珠玉の言葉が生まれ、今の私たちの心に響くのだと実感しています。

ついつい辛く難しいものだと思いがちな育児や子育て、また仕事との両立を、母のように、小林典子のように楽しんでください。

母、小林典子は、コビーの創始者であり、私にとっては保育の師匠でもあります。保育園では、園児はもちろん、お父さんやお母さん、職員、多くの人から「のりこ先生」と親しみを込めて呼ばれていました。保育園を卒園後、入学や卒業、結婚、出産などの人生の節目には、のりこ先生のもとへ多くの卒園児が報告にやってきました。また、卒園児が、大学に進み保育士資格を取得して、のりこ先生の保育園に就職することもたびたびありました。のりこ先生に才能を見出された卒園児のなかには、その後プロフェッショナルとして社会で大活躍している方々もいます。

子どものみならず、お父さんやお母さんたちが、子どもが卒園後も子育ての相談はもちろん、小学校の勉強や進学についての相談、なかには家庭内や夫婦のトラブルなどの相談をのりこ先生にする姿をよく見ました。

のりこ先生が天国へ旅立った日には、のりこ先生の弟子にあたる大勢の保育士たちが集まり、冷たくなったのりこ先生に向かって「先生、起きてください」と叫びながら号泣していました。

字もきれい、絵も上手、歌を歌わせればオペラ歌手なみ、日本舞踊からダンスまでこなし、茶道や華道に明るく、器用な手先で裁縫をこなし保育制作物を生み出し、かけっこや鉄棒は得意、運動神経は抜群、〇歳から六歳までの保育はもちろん、小学生や中学生にも放課後の学習を指導し、保護者の悩み相談にも応える。のりこ先生は、多くの人々に慕われたまさにスーパー保育士でした。

コビーグループが運営するコビープリスクール、コビーアフタースクールなどの保育園や学童施設の多くでは、のりこ先生に直接指導を受け、薫陶《くんとう》を受けた直弟子の保育士たちが園長となり、のりこ先生が創りあげた本物や本質にこだわる保育や、一〇年二〇年後の未来を見据えた保育が実践されています。もちろん、のりこ先生からは孫弟子にあたる数百人にも及ぶ職員の育成も進んでいます。グループ内には、二〇一四年に「子ども子育て総合研究所」が設立され、最先端の子育てや保育の研究も開始されています。

のりこ先生のようなひとりで何役もこなせるスーパー保育士は、これからの時代には生まれないかもしれませんが、のりこ先生の想い、のりこ先生の情熱、のりこ先生の哲学は、脈々と次世代の多くの保育者に継承されています。

最後に、ご取材、ご執筆くださった山田清機さん、本書の企画、監修をしてくださった野地秩嘉さん、出版にあたり細部の調整をしてくださったプレジデント社の桂木栄一さん、そしてインタビューで私の知らない母について語ってくださった皆様に、心から感謝を申し上げます。

二〇一五年一二月吉日

株式会社コビーアンドアソシエイツ代表取締役社長
社会福祉法人コビーソシオ理事長
子ども子育て総合研究所株式会社代表取締役
小林照男

小林典子

こばやし・のりこ

1935年、大師山報恩寺（千葉県野田市）住職古谷光隆大僧正の次女として生まれる。1948年、大師山報恩寺が当時の野田市から依頼を受けて境内内に設置した「大師山保育園」の保育士として保育キャリアを始める。戦後まもない頃の福祉に重点を置く草創期の保育を実践し、高度経済成長期から女性の社会進出が進むバブル期を通じて、それぞれの時代背景に合わせた保育を実践。家庭環境の変化にともなう、保育に対する多様な社会的ニーズなどにも敏感に対応し、時々の最先端保育を提供し続ける。生涯、現場実践主義をつらぬき、子どもたちとのふれあいを通じて多彩な保育内容を展開し、現在のコピーにも受け継がれる数々の保育行事を発案。40年以上もの保育経験にもとづき「マトリクス保育」を考案する。

著者

山田清機

やまだ・せいき

1963年富山県生まれ。早稲田大学政治経済学部卒。鉄鋼メーカー、出版社勤務を経て独立。『プレジデント』『プレジデントファミリー』『アエラ』『婦人公論』などで活躍。人物取材を得意とする。『東京タクシードライバー』（朝日新聞出版）で第13回新潮ドキュメント賞にノミネート。最新刊は『東京湾岸畸人伝』（朝日新聞出版）。1児の父。

伝説の保育士
のりこ先生の魔法のことば

2016年2月18日　第一刷発行

著者／山田清機
発行者／長坂嘉昭
発行所／株式会社プレジデント社
〒102-8641 東京都千代田区平河町2-16-1
平河町森タワー13階
http://president.jp
http://str.president.co.jp/str/
電話：編集(03)3237-3732
販売(03)3237-3731
プロデュース／野地秩嘉
装丁／城所潤+大谷浩介(ジュン・キドコロ・デザイン)
編集／桂木栄一
制作／坂本優美子
販売／高橋徹、川井田美景、森田巌、遠藤真知子
印刷・製本／中央精版印刷株式会社

ISBN978-4-8334-2166-9 Printed in Japan